录音鉴定原理
Principles of Forensic Audio Analysis

〔美〕罗伯特·C. 马厄（Robert C. Maher） 著

曹洪林 译

科学出版社

北京

图字：01-2021-0992 号

内 容 简 介

录音鉴定是当代司法鉴定/法庭科学中很有发展潜力的分支领域之一。本书详细介绍了录音鉴定的基本原理、检验技术和司法应用。作者首先对录音信号和系统的基础知识进行了概述，其次介绍了美国录音鉴定历史上非常著名的四个案件（其中，包括尼克松总统的水门事件以及肯尼迪总统被暗杀的事件），再次重点介绍了录音证据处理、真实性鉴定、清晰化处理三个项目的鉴定原则和检验步骤，然后从证据解释和专家出庭的角度，阐述了美国司法体制下的科学诚信、专家资格、专家作用等热点问题，最后从涉枪声录音和飞机驾驶舱录音两个角度，讲述了录音鉴定的独特作用。

无论是对录音鉴定感兴趣的初学者来说，还是对有一定实践办案经验的录音鉴定人而言，本书都是一本理想的参考读物。

图书在版编目（CIP）数据

录音鉴定原理 /（美）罗伯特·C. 马厄（Robert C. Maher）著；曹洪林译.
—北京：科学出版社，2023.11
书名原文：Principles of Forensic Audio Analysis
ISBN 978-7-03-076833-9

Ⅰ. ①录… Ⅱ. ①罗… ②曹… Ⅲ. ①录音-司法鉴定-研究 Ⅳ. ①D918.9

中国国家版本馆 CIP 数据核字（2023）第 211466 号

责任编辑：陈艳峰 钱 俊/责任校对：彭珍珍
责任印制：赵 博/封面设计：无极书装

科学出版社 出版
北京东黄城根北街 16 号
邮政编码：100717
http://www.sciencep.com

涿州市般润文化传播有限公司印刷
科学出版社发行 各地新华书店经销
*
2023 年 11 月第 一 版 开本：720×1000 1/16
2025 年 4 月第二次印刷 印张：10
字数：200 000

定价：88.00 元
（如有印装质量问题，我社负责调换）

致我的父母：

Jane Crawford Maher

和

已故的 Louis J. Maher，Jr. 教授（1933—2018）

译 者 序

多年来，我一直想找一部有关录音鉴定/司法语音学的英文著作，将其翻译过来介绍给国内同行。然而，这个想法始终难以实现，原因主要有以下三个方面：第一，国外的很多英文著作都是作者的个人专著，内容大多仅涉及录音鉴定中的一个项目（如语音同一性鉴定），并不像国内的很多编著"教材"那样能够涵盖所有的录音鉴定项目；第二，不少英文著作的出版年份较早，很多内容已经略显陈旧；第三，欧美发达国家的录音鉴定同行似乎更重视权威期刊论文的发表，对编著专业通识性教材这样的事情兴趣有限。

2019 年，在查找文献的过程中，一个偶然的机会，我发现美国的罗伯特·C. 马厄（Robert C. Maher）教授出版了 *Principles of Forensic Audio Analysis* 一书。当时，只看书名，我就异常兴奋。然后，我便迫不及待地购买了英文原著并快速通读了全书，发现该书在形式上有些类似国内的编著"教材"；就其内容而言，尽管书中并未对录音鉴定领域中最核心的语音同一性鉴定项目进行过多介绍，但由于该书不仅对美国录音鉴定的历史、录音证据处理（处理工具、检验方法）、录音真实性鉴定、录音清晰化处理（降噪与语音增强）、证据解释、专家报告和证言等多个方面进行了详细阐述，同时还以案例形式针对枪声录音鉴定、飞机驾驶舱话音记录器（黑匣子）录音检验两个领域进行了分析介绍，因此无论对于国内从事录音鉴定实务的司法鉴定人来说，还是对于国内语音学、录音信号处理领域的研究人员而言，该书内容都是比较新颖的，有很好的参考借鉴意义。另外，值得一提的是，该书的定位是录音鉴定专业的入门级读物，内容更多侧重基础知识和基本原理，而并非大家期待的"统编教材"；如果读者想了解更深层次的理论知识和实践指导，可以从书中的参考文献里获取一定的信息。

针对该书书名及书中部分术语的翻译问题，我根据国内录音鉴定同行的主流观点，同时参考了《声像资料司法鉴定执业分类规定》（司规〔2020〕5号）、《法庭科学语音及音频检验术语》（GB/T 35048—2018）等法规和行业标准，采用意译方式进行了处理。比如，我将书名 *Principles of Forensic Audio Analysis* 意译为《录音鉴定原理》，而未将其直译为《司法音频分析原理》，原因主要在于参考了《声像资料司法鉴定执业分类规定》中的官方叫法。

非常感谢我的研究生王宇靖、雷艺璟、李雪慧等几位同学在该书翻译过程中给予的无私帮助！非常感谢科学出版社陈艳峰和钱俊两位编辑的辛勤付出！

本译著是教育部人文社会科学研究青年基金项目"司法语音鉴定证据评价体系研究"（18YJC740004）和重罪检察证据分析研究基地的阶段性成果。

曹洪林

2023 年 10 月 9 日于北京

原 书 前 言

　　录音鉴定（audio forensics）是现代法庭科学领域中的重要专业之一。本书提供了理解和参与这个令人兴奋的重要研究领域所必需的基础知识。现代录音鉴定集合了数字信号处理、声传播的物理学、声学语音学、音频工程以及许多其他领域的多项技能。

　　录音鉴定领域的科学家和工程师的任务包括对录音证据进行真实性鉴定、清晰化处理和信号解释等，这些录音证据对于刑事侦查、事故调查或某些官方民事调查来说往往是非常重要的。

　　录音鉴定方面的专业知识从未如此重要。尽管紧急呼叫中心和警察无线电调度的公共录音仍很重要，但是，目前的情况是，随着价格低廉的便携式音/视频录制系统的广泛使用，在民事或刑事案件中，越来越多的录音证据会涉及警车的行驶记录仪、执法人员佩戴式的微型执法记录仪、旁观群众的智能手机以及公共场所和公司企业的安全监控系统等。对于很多调查活动来说，毫无疑问，这些无处不在的音频录制设备会提高涉案录音鉴定材料的数量和质量。

　　本书利用新的研究成果、历史及当代案例，将录音鉴定的理论与实践融合在一起，以供所有具有科学素养的读者阅读。本书还为有兴趣深入研究该领域的读者提供了大量的案例、补充资料和参考书目。

Robert C. Maher

于美国蒙大拿州博兹曼市

致　谢

我要感谢录音鉴定领域中很多专业同行所做的贡献，在过去的十年中，他们慷慨地跟我分享了自己的知识与专长。需要特别提及的是，最初由已故的 Roy Pritts 和已故的 Richard Sanders 创立的音频工程学会（Audio Engineering Society，AES）的录音鉴定技术委员会，成功举办了一系列精彩的国际会议和研讨会，这对我的工作有很大启发。特别感谢音频工程学会的成员 Durand Begault、Eddy Brixen、Catalin Grigoras、Bruce Koenig、Douglas Lacey 和 Jeff Smith。

衷心感谢 Steven Beck、Angelo Borzino、Jack Freytag、Kurt Fristrup、Tom Owen、Steven R. Shaw 和 Gregg Stutchman 跟我进行的富有成效的交谈和专业互动。Douglas Keefe 为我提供了与听觉解剖学和生理学有关的清晰而简洁的指导，Luke Haag 耐心地提高了我对枪械的理解。还要感谢我近年来的一些学生，包括 Cameron Blegen、Matthew Blunt、Ethan Hoerr、Darrin Reed、Tushar Routh 和 Joseph Studniarz，他们都曾从事与录音鉴定相关的一些研究项目。

我在枪声鉴定方面的学术研究工作得到了美国司法部国家司法研究所的支持。感谢国家司法研究所司法项目办公室的 Monte Evans 和 Gregory Dutton 的帮助。

本书的很多图表都是使用商业软件创建的，包括 Adobe Audition 和 MathWorks MATLAB。

感谢 Springer 编辑团队的热情、编辑协助和耐心支持。特别感谢 Sara Kate Heukerott、Sanaa Ali-Virani 和 William M. Hartmann，是你们让本书成为可能。

非常幸运能够得到我妻子 Lynn 和两个儿子的爱和支持。三十多年来，我利用很多个夜晚和周末的时间，在办公室进行策划和修改工作，对此，Lynn 都能一直包容我；我们的儿子，Maxwell 和 Henry，已经长大成人，变成了令我们珍爱和钦佩的杰出青年。谢谢你们！

关 于 作 者

Robert C. Maher 是美国蒙大拿州立大学博兹曼分校电子与计算机工程系的教授。作为一名经验丰富的专业工程师、教育家和企业家，他的研究和教学兴趣涉及数字信号处理领域，尤其侧重于数字音频、录音鉴定、数字音乐合成和声学。他曾在音频工程领域发表论文和演讲，并在民事和刑事案件中担任专家证人。Maher 博士是音频工程学会会员、IEEE 高级会员、美国法庭科学学会准会员和美国声学学会会员。他家住在蒙大拿州的博兹曼，在那里，他很享受利用业余时间来成为业余音乐家和越野跑者。

目　录

第1章

录音鉴定简介：真实性、清晰化和证据解释

录音鉴定是众多法庭科学领域的一个分支。法庭科学通常是指对最终可能用于法庭审判或作为其他一些正式调查活动的证据进行的评估分析。因此，作为官方调查的一部分，录音鉴定是指在民事或刑事审判的准备过程中，或在事故及其他事件的调查过程中，对涉及的录音证据进行的采集、分析和解释（Maher，2009，2015）。

录音鉴定主要解决哪些问题呢？通常情况下，录音鉴定会涉及以下三方面内容中的一项或多项：真实性鉴定、清晰化处理和证据解释。

真实性鉴定（authenticity）在司法调查中很重要，因为调查人员从录音资料中得出的重要结论取决于录音的具体情况。如果事实证明录音资料在调查之前曾经被有意或无意地修改过，那么整个检验活动都会受到质疑。同样地，如果录音发生的地点和/或时间存在有意或无意的错误，那么检验活动也就无关紧要了。录音鉴定人员必须对证据的保管链进行评估，通过检验发现故意篡改的情况，同时采取保护措施以防止对证据进行意外修改。

通常情况下，都需要对涉案录音证据进行**清晰化处理**（audio enhancement）。许多案件录音都是在非理想的声学环境下录制的：麦克风位置不佳、背景噪声强或不稳定、谈话人可能发音不清晰、目标信号微弱等。在这些情况下，我们必须对目标录音信息进行特征增强处理。由于法官和陪审团通常既没有对含噪录音进行听辨和解释的经验，也没有时间在多种不同播放水平下对录音进行多次听辨，因此，当需要在法庭上展示录音证据时，清晰化处理就显得尤为重要。由于在法庭上展示录音时很少有较为理想的播放条件，因此，根据具体情况，对录音进行适度的清晰化处理是至关重要的。

对录音证据的**解释**（interpretation）可能包含许多方面，例如重建时间线、记录对话内容以及识别未知声音。录音鉴定要解决的问题通常是基于调查人员对

犯罪情节的推测，或者要与其他物证和证人、证言结合起来。

与电影、视频和目击证人的观察相比，录音资料可以为调查活动提供一些潜在优势。例如，能够从各个方向而非特定视野中收集信息。录音资料能够从客观观察的角度对事件进行连续记录，而不是证人的主观回忆。

录音资料在调查活动中也可能具有明显的缺点。例如，如果只有一个单声道录音，一般很难确定相对于麦克风的声源方向和方位。其他缺点可能包括录音的动态范围有限：非常微弱和轻微的声音在录音中可能没有足够的清晰度，而对于非常响亮的声音来说，如果音量超过录音系统的最大限制，那么声音可能就会被"消波"。也许案件录音资料中最常见的问题是存在干扰噪声或无关的声音，而且它们可能会掩盖调查活动所关注的低电平的目标声音。对于音质和可懂度都很高的录音而言，执法人员往往可以直接使用，不需要交给录音鉴定人员进行处理。

本书的章节顺序从一些基本的声学和心理声学原理开始，依次介绍录音鉴定的历史和常规检验程序；随后几章涉及录音证据的真实性鉴定、清晰化处理和证据解释；最后，本书以对专家报告（expert report）和证言（testimony）的总结概述作为结尾，同时考虑了本领域当前几个值得关注的具体议题。

参 考 文 献

Maher, R. C. (2009). Audio forensic examination: Authenticity, enhancement, and interpretation. *IEEE Signal Processing Magazine, 26*, 84–94.

Maher, R. C. (2015). Lending an ear in the courtroom: Forensic acoustics. *Acoustics Today, 11*(3), 22–29.

第 2 章
录音信号和系统的基础

录音鉴定研究以声学和音频工程为基础。由于有很多书籍和完整的大学课程来专门讨论声学的细节问题，因此，下文针对几个重要原理的描述几乎没有触及物理学和工程学的深层问题。然而，为了便于理解迷人的声学知识在录音鉴定中的应用，有必要对一些专业术语和关键特征进行介绍。

案件录音证据通常包括一份**录音资料**（audio recording）。录音是声音的抽象表示，通过麦克风检测到空气中的声音，将其转换成电信号，然后存储在某种固定介质中，例如磁带、磁盘、光盘或半导体存储器等。录音可以是模拟的或数字的，这是指录制和播放系统中音频信息的表现形式。

声学研究声音在空气中传播的物理学原理。为了理解和解释案件录音，必须要对声学概念有所了解，以便对录音资料中的声音进行分析，并将其对应于声音的反射、吸收、衍射和混响等已知特性。

2.1 声　　音

空气中的声音是振动的结果。对于风来说，空气粒子会在相当长的距离内稳定地移动；而声音则与之不同，振动表面会使空气粒子随着表面的运动而来回运动一小段距离。当振动表面向外运动时，表面附近的空气粒子被**推动**（压缩），而在另一半振动周期中，表面向内运动，表面附近的空气粒子被**拉动**（变膨胀或变稀薄）。临近振动表面的交替压缩和膨胀对旁边的空气粒子产生了相应的推拉作用，而这些空气粒子又转而推拉下一层空气粒子，以此类推，就产生了高压和低压区域交替传播的**声波**。如图 2.1 所示，交替的高压和低压波阵面从振动表面传播开来。

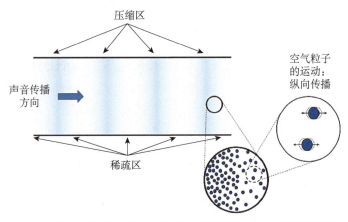

图 2.1　声波中的空气粒子运动：与传播方向平行的纵向（向前和向后）运动

　　声波是一种纵向扰动，也就是说，空气粒子从其平衡位置沿着波前移动的方向来回运动。这种纵向运动很难用图形来描绘，因此，对声音的图形描述通常采用能够反映**声压**与时间关系的二维图，但这往往会造成一种误解，即认为声波在传播过程中是以某种方式"上下"运动的。一种更好的理解是，当声波经过时，空气粒子会做"进出"运动（相应的声压会增强和减弱）（Kinsler et al.，2000）。

　　与正常大气压相比，声压是**非常小的波动**，认识到这一点是很重要的。在地球引力的作用下，大约有 100km 厚度的大气层围绕着地球，从而产生了名义上的海平面气压，即 1 个工程大气压等于 101.325kPa，约等于 $1×10^5$Pa。相比之下，由声音振动引起的典型压力波动很小：在毫帕斯卡的范围内（约 10^{-3}Pa）。事实上，人耳能听到的最小声音的压力振幅约为 20μPa（$2×10^{-5}$Pa），这仅是标准大气压的 **50 亿分之一**。

　　摇滚音乐会中或工业机器附近的那些非常响亮的声音，其振幅可能会达到 1Pa 或者更高。尽管这些声音对人耳来说已经很危险了，但其声压仍然只是标准大气压的五万分之一。

2.2　声　压　级

　　可听声压的范围为 $2×10^{-5}$～1Pa。对于记录和打印来说，这些数字非常不方便。人们习惯以对数形式来描述声压的可听范围，这样的话，最小可听声音的声压为 0 级，而常见的最大声音的声压级则只需用两位数或三位数表示即可。该科学描述用**贝尔**（bel）[B]来表示，即以 10 为底的**功率**（power）（瓦特）[W]

或**强度**（intensity）[瓦特/米²]的两个量值比率的对数。

$$贝尔 = \log_{10}（功率_1/功率_0）$$

或者

$$贝尔 = \log_{10}（强度_1/强度_0）$$

用贝尔表示声压级，需要将声压[Pa]转换为声强[W/m²]。对于声波来说，声强与声压的平方成正比。这样，就可以用压力来定义贝尔，即：

$$贝尔 = \log_{10}（压力_1^2/压力_0^2） = 2\log_{10}（压力_1/压力_0）$$

通常用**分贝**（decibel）[dB]来表示声压级，其中前缀"**分**"表示精度为 1/10B。1B=10dB，所以用分贝表示的测量值是用贝尔表示的测量值的 10 倍。

$$分贝[dB] = 20\log_{10}（压力_1/压力_0）$$

以分贝为单位的**声压级**（sound pressure level，SPL）使用的定义是：压力$_0$取值 20μPa（即 0.00002Pa），压力$_1$是用麦克风测量的**有效压力值**（均方根，root-mean-square，RMS）（Kinsler et al.，2000）。选择 20μPa 作为参考压力是合适的，因为它大致相当于人耳的听觉阈值，也就是说，当声学信号的有效压力为 20μPa 时，对应的声压级相当于 0dB。声压级为 100dB 的声学信号是非常响亮的，大致对应于人耳的听觉痛阈。因此，人耳听觉的实际声压级的范围是 0～100dB。声压计的测量结果通常同时包括分贝标签和参考声压两部分，比如"声压级为 60dB（参考压力为 20μPa）"（Hartmann，2013）。

由于人耳对不同频率声音的听觉敏感度不同，因此通常使用**加权滤波器**（weighting filter）来进行声压级测量，以接近人耳敏感度的频率依赖性（参见下文 2.5.3 节）。

声波，一种高低压交替的压力扰动，以称为**声速**（speed of sound）的速度在空气中传播。声速取决于声压与空气粒子的振动运动（粒子速度）之间的关系。在 20℃（室温）时，空气中的声速为 343m/s。相比之下，光速为 3×10^8m/s，大约比声速快一百万倍。

声音传播的经验法则可以分为两种，一种是便利经验法则，如美式表达的近似说法，即声音每毫秒传播大约 1ft（1ft=3.048 × 10^{-1}m），传播 1mi（1mi=1.609344km）距离的时间约为 5s；另一种是公制经验法则，如每毫秒传播大约 35cm，传播 1km 大约需要 3s。

2.3　波长、频率和频谱

如果声源是振动的，比如扬声器纸盆的进出运动，或吉他弦的来回振动，声音将由高低压交替出现的循环构成。一次振动所需的时间称为振动的**周期**（period）。例如，琴弦振动的周期是指琴弦从一个极端移动到另一个极端，然后再回到原始位置，完成一个振动**循环**所需要的时间。在一次振动（一个周期）的时间内，产生的声压扰动以声速在空气中传播一定的距离，称为**波长**（wavelength），用［米/周期］来表示。换句话说，**波长**是声波在一个**振动周期**内传播的距离。

声音的振动通常用振动**速率**来表示，即 1s 内产生的振动周期的个数［周期/秒］。振动速率即振动的**频率**（frequency）。通常使用单位赫兹（Hz）来表示每秒钟内的振动周期数量。

如果振动的频率较低（低频），那么每个周期的持续时间会比较长，声波在周期内传播得就会更远，也就是说，频率越低，波长越长。相反，如果振动非常快（高频），那么压力扰动在周期之间传播的时间会很短，换言之，频率越高意味着波长越短。

从数学上看，频率（f，每秒周期数，或 Hz）与波长（λ，m）之间的关系是：$c = f\lambda$，其中 c 为声速［m/s］。再说一遍，高频声音的波长短，而低频声音的波长长（图 2.2）。

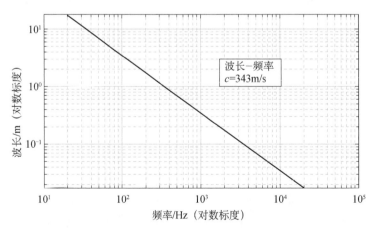

图 2.2　频率（周期/秒）和波长（米/周期）的乘积是声速（m/s）

纯音是最简单的持续声音类型，它具有单一频率的能量。如图 2.3 所示，这种单频声音的波形可以用数学上的**正弦波**或**正弦曲线**图形来表示。

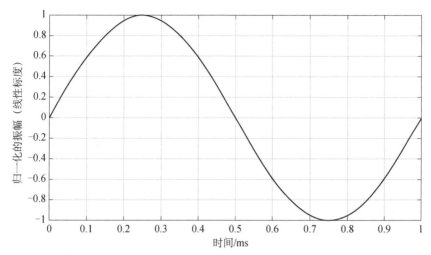

图 2.3　1000Hz 正弦波一个循环内的波形图，也称为纯音，由一个单频声音能量组成

在图 2.3 中，纵轴可以表示压力、电压或位移等参数，横轴表示时间。该图显示了正弦波的一个周期，时间为 1ms（1/1000s）。由于一个循环的**周期** $T=1ms$，因此，该声波的**频率**（$1/T$）为 1000Hz（每秒 1000 个循环）。图 2.4 显示了更长时间间隔内 1000Hz 正弦波的波形图。

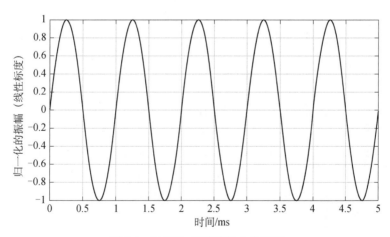

图 2.4　1000Hz 正弦波的 5 个循环

例如，恒定音调的吹哨声和纯音就非常接近，这种声音传递到麦克风之后，每个周期内的麦克风输出电压的波形图就和上图类似。

由于纯音（正弦波形）只在其重复出现的频率上有能量，所以正弦波的**频谱**（spectrum）图看起来像一条单一的"频率线"。从理论上讲，1000Hz 正弦波的频谱如图 2.5 所示，除 1000Hz 外，该频谱在其他任何频率上都没有能量。

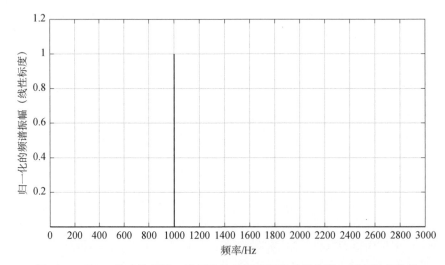

图 2.5　1000Hz 纯音的频谱。纯正弦波的频谱仅在音调的单一频率处有能量

持续声音的波形是**周期性**（重复性）的，比如人们用恒定音调发元音"[a]"的频谱就比单频纯音的频谱更加复杂（Hartmann，2013）。周期性波形的频谱中包含了许多**谐波**（harmonic），这意味着仅在**基本**频率（fundamental frequency，缩写为 F_0）整数倍的频率位置有能量。例如，图 2.6 显示了一个基频 $F_0 = 1000$Hz 时的周期性波形。

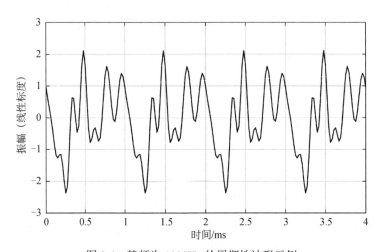

图 2.6　基频为 1000Hz 的周期性波形示例

图 2.7 显示的是与图 2.6 中的周期性波形相对应的幅度谱（magnitude spectrum）。请注意，所有的频谱成分都是基频 1000Hz 的**整数倍**（1000Hz、2000Hz、3000Hz 和 4000Hz 等）的谐波。

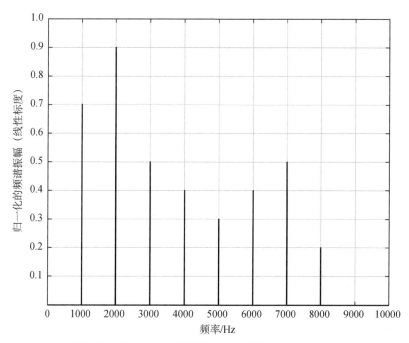

图 2.7　与图 2.6 中周期性波形相对应的频谱图。周期性波形的频谱中只包含基频的（整数倍）谐波。在这个例子中，基频是 1000Hz，刚好有另外七个谐波成分。谐波的振幅取决于周期性波形的细节

给定一个如图 2.6 所示的纯周期性波形，我们可以用一个称为**傅里叶级数**（Fourier series）的数学程序计算出如图 2.7 所示的谐波振幅；也可以用一种称为**傅里叶变换**（Fourier transform）的数学程序计算出非周期性波形的频谱。数学上的证明和细节超出了本书的讨论范围，但我们会使用傅里叶变换来帮助大家理解录音鉴定中各种目标信号的频谱特征（Hartmann，2013）。

例如，图 2.8 中显示了一段男性语音的波形图。请注意，这段波形在外观上是准周期性的，但每个循环并不是其他循环的完美复制。图 2.9 描述了这段波形的傅里叶变换幅度。与图 2.6 中理论上无限长的波形和图 2.7 中对应频谱的单频尖峰完全谐波系列不同，有限长度的准周期性语音波形的傅里叶分析出现了谱线变宽和非谐波性（inharmonicity）的特点，这是由于语音波形的周期性变化以及傅里叶变换过程中观察到的信号时间长度有限所致（Allen and Rabiner，1977）。

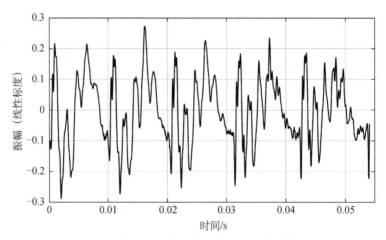

图 2.8　　一段语音信号中约 5 个循环的准周期部分

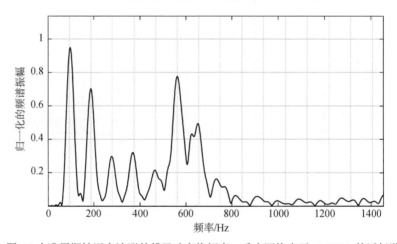

图 2.9　图 2.8 中准周期性语音波形的傅里叶变换幅度。垂直网格表示 93.75Hz 的近似谐波间隔

　　如果声源不止有一个，那么我们所看到的频谱（傅里叶变换幅度）将包含来自不同声源频谱成分的加成混合物。当很多乐器以合奏的方式演奏时，这种混合就是有意为之了。欧洲的传统经典音乐通常使用音乐频率的**辅音**组合，以使基频各异的谐波趋于重叠。例如，一个基频为 100Hz 的音乐信号，其频谱中同时包含 200Hz、300Hz、400Hz、500Hz、600Hz、700Hz、800Hz、900Hz 等频率段的谐波能量；如果同时存在一个基频为 150Hz 的音乐信号，该信号将包含 150Hz、300Hz、450Hz、600Hz、750Hz、900Hz 等频率段的频谱能量。这就意味着 150Hz 音调的每一个其他频率成分都将与 100Hz 音调的谐波（300Hz、600Hz、900Hz 等）保持"一致"。在音乐理论中，100Hz 音调和 150Hz 音调之间的关系称为"纯五度"（perfect fifth），其原理已超出本书的讨论范围，但可以这么说，

谐波频率关系在全世界大多数音乐中都起到了重要作用。

出于录音鉴定的目的，我们在讨论信号和测量时，有时会提到**倍频程**（或**八度音阶**）（octave）。一个**倍频程**意味着一个信号的基频是另一个信号基频的 2 倍。例如，基频为 400Hz 的音比 200Hz 的音**高一个倍频程**。同样，频率为 800Hz 的音比 200Hz 的音**高两个倍频程**，即 200Hz 以上的一个倍频是 400Hz，另一个倍频（频率加倍）则是 800Hz。

2.4　波的传播和球面扩散

在空气中，声波从声源处向各个方向传播。与声波波长相比，尺寸较小的声源所产生的声压波在各个方向上近乎相等，这被称为**球面波传播**。当声音向外以球面形式传播时，来自声源的声能分布在不断增大的球面上，这意味着特定方向上的声功率会随着半径的增大而减小。从理论上讲，如果没有声音反射，球面面积与半径（r）的平方成正比（表面积= $4\pi r^2$），那么声波的**强度**（单位面积的瓦特数）就会以 $1/(r^2)$ 的速度衰减。反过来，同样在忽略声音反射的情况下，声强与声压的平方成正比，声波的压力振幅会以 $1/r$ 的速度衰减。实际结果是众所周知的，即随着观察距离的增加，声音会变得更加安静（Kinsler et al.，2000）。

随着距离的增加，声压会以半径的倒数（$1/r$）为系数进行衰减，从而导致距离每增加一倍，声压级就会下降 6dB：$20\log_{10}((1/r)\times P/P_{ref})=20\log_{10}(P/P_{ref})-20\log_{10}(r)$；如果半径 r 由 1 变为 2（距离加倍），那么$-20\log_{10}(2)=-6.02$dB。然而，在大多数实际情况下，球面波在传播过程中都会遇到边界面，如地面、墙壁和其他物理障碍物。由于直接传播的声音与不同表面的反射波会产生叠加，因此，声压会偏离简单的球面传播预测（见 2.4.1 节）。

事实证明，空气中的声速会随着气温的变化而变化：声音在温暖的空气中传播得更快，在寒冷的空气中传播更慢。因此，对于一个给定的频率，声音在暖空气中的波长**更长**、传播速度更快，而在冷空气中的波长**更短**、传播速度更慢（图2.10）。

在大多数情况下，除非是在不同空气层具有不同温度的室外，声速对温度的依赖性并不会被实际察觉到（Kinsler et al.，2000）。空气层的温度不同，声速就会不同。例如，在寒冷冬天的早晨，空气通常会呈现出温度**梯度**，靠近地面的空气较冷，而高处的空气较热。在这种情况下，声波在接近地面时传播较慢，而在高处的暖空气中传播较快。因此，当声波在地面上方水平移动时，声波前部会**向下折射**：声波前部在地面附近的冷空气中比在高处的暖空气中移动得更慢，从而

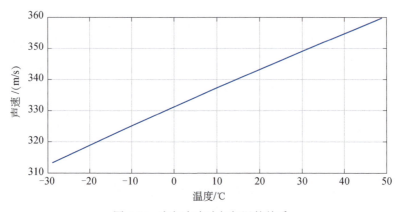

图 2.10　空气中声速与气温的关系

导致声波前部**向下弯曲**。

　　相反，在温暖晴天之后的傍晚，日晒地面附近的气温高于高空气温。这意味着，由于声波前部在地面附近的暖空气中比在高处的冷空气中移动得更快，声波前部将会呈现出**向上折射**的现象。

　　结果如图 2.11 所示，由于折射聚焦效应，在寒冷的早晨，我们能更容易地听得到远处的声音；而当靠近地面的空气很热时，由于声波前部向上弯曲，远处的声音可能就较难听到了。

　　除了球面扩散和潜在的折射效应以外，声音的传播还可能受空气湿度和温度的影响而出现能量损失（Harris，1966）。这些声音物理学方面的因素，可能会对录音鉴定产生影响，特别是对于距离声源很远的室外声音而言。

2.4.1　反射和混响

　　麦克风检测到的瞬时声压，既包括通过空气从声源直接传播到麦克风的声波，也包括从地面、墙壁和其他表面反射后到达麦克风的声波，还包括经过多次表面反射后到达的**混响声**（reverberant sound）。因此，声学录音同时包含了声源信息和录音时周围物理环境的声学特性。如果存在特别的**背景**声音，如机械噪声、音乐声或报警铃声，这些声音也会随着更加突出的**前景**声音一起被麦克风检测到。

　　直达声和反射声的相对到达时间取决于声源和麦克风之间的路径长度。假设声源和麦克风之间存在一条视线路径，那么直达路径始终是最短的路径（图2.12）。

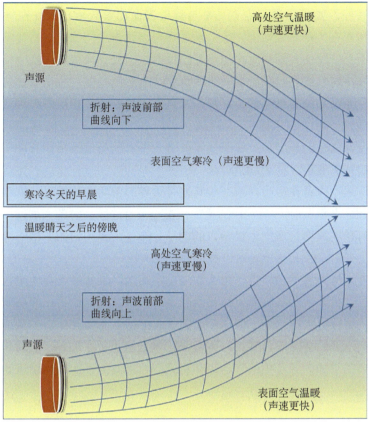

图 2.11　折射——地面附近的冷空气和高处的暖空气导致声波前部向下弯曲；地面附近的暖
　　　　　空气和高处的冷空气导致声波前部向上弯曲

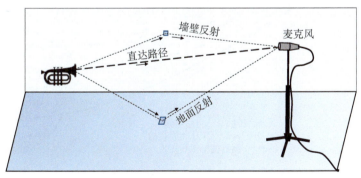

图 2.12　麦克风接收的直达声和一阶反射声

当反射表面距离声源和麦克风相对较远时，声反射效果会最为明显。反射距离较长意味着反射声到达麦克风的时间将大大晚于直达声，从而产生可听的**回声**

（echo）。另外，如果声源和麦克风都与反射表面相对较近，例如在一个开放区域，声源和麦克风都靠近地面，那么反射声与直达声之间的延迟将非常小，而且可能察觉不到。即使人耳察觉不出声音的反射，但麦克风依然可能会检测到并将其录制下来，这一点我们将在本书的后面予以讨论。

如果声速已知或者可以估计，那么来自声源的直达声和反射声到达麦克风之间的时间就像一把"测量标尺"。声速（m/s）和时间差（s）相乘，就得到了直达路径和反射路径的长度差。在某些案件调查中，此类信息可能有助于确定犯罪现场环境的几何形状（见 7.2.1 节）。

如前所述，声音在房间内或某些其他有边界的空间中传播时，麦克风接收到的声音是直达声和反射声/混响声的叠加。在一个有连续声源的大房间中，例如有人演讲或有乐团演奏，房间中**混响**声的能量分布是大致均匀的。由于混响声的反射来自各个方向，因此该声场可以称之为扩散声场。

如果麦克风距离声源较近，那么与混响声相比，录音通常会由来自声源的直达声所主导。另外，如果将麦克风移动到距离声源较远的位置，而房间中的背景混响水平仍将保持大致相近，但由于受到球面传播半径倒数（$1/r$）效应的影响，直达声的声压振幅会降低。图 2.13 对这种影响效应进行了展示，随着声源和麦克风之间距离的增加，录音中的直达声和房间混响之间的平衡将从由直达声主导变为由混响主导。

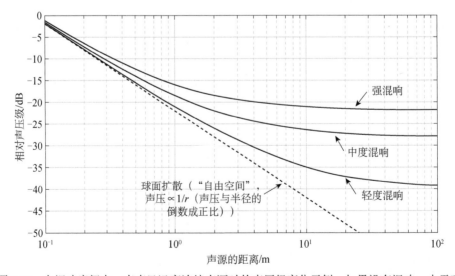

图 2.13　在混响房间中，麦克风远离连续声源时的声压级变化示例。如果没有混响，由于球面扩散，相对声级将遵循逆半径倒数（$1/r$）效应（距离每增加 1 倍，声压级下降 6dB）；如果房间有混响，当麦克风远离声源时，声压级会达到背景混响水平

2.4.2　麦克风的指向性

麦克风的指向特征也会对录音信号产生影响。通常来讲，麦克风会对振膜片上的声压做出响应，但设计者可能会选择对麦克风进行特意的改造，使之优先响应来自特定方向的声波，或者尽量减小在其他方向上的响应，以减弱不需要的干扰声音的水平。

麦克风的三个常见指向性特征是**全指向性**（omnidirectional）、**双指向性**（bidirectional）和**单指向性**（unidirectional）。指向性模式通常显示为极坐标图（polar diagram），用来描绘作为麦克风指向方向函数的相对拾音量，如图 2.14 所

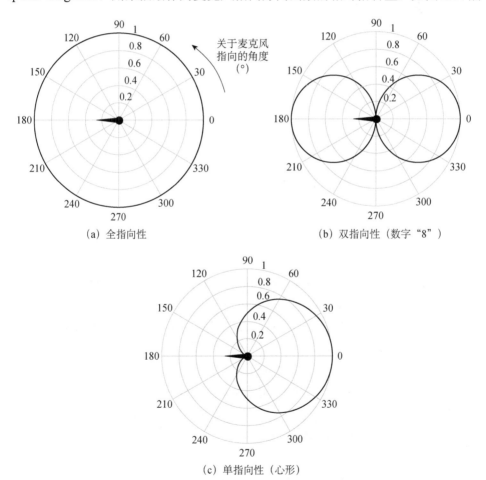

（a）全指向性　　　　　　　　　　　（b）双指向性（数字"8"）

（c）单指向性（心形）

图 2.14　三种常见麦克风类型的指向模式图：（a）全指向性、（b）双指向性、（c）单指向性。该图显示了作为麦克风指向方向函数的相对拾音量

示。前缀"全"表示**所有**，**全指向性麦克风**被设计为从各个方向拾取声音。因此，它的指向性模式在各个方向上是相等的，构成一个圆。**双指向性麦克风**主要从两个方向拾取声音：麦克风指向的方向（0°）和相反方向（180°），但不会拾取麦克风侧面的声音。因此，它的指向性模式在向前（0°）和向后（180°）的方向上是一致的，在侧面（90°和270°）方向上则为零。**单指向性麦克风**仅从一个方向上拾取声音，即麦克风指向的方向（0°）。单指向性麦克风对来自相反方向（180°）的声音并不敏感。

由于双指向性麦克风的指向性模式看起来像数字 8，因此，有时也被称为"8字形"麦克风。单指向性麦克风经常被称为**心形**麦克风（cardioid mic），因为它的心形指向模式有点像数学上的心形。

当定向性麦克风指向声源方向（0°）时，录制的信号电平会相对较高，相比之下，如果声源以一定角度偏离麦克风的一侧，定向性麦克风的敏感度会比较低。因此，在司法实践中，如果麦克风或声源位置移动使得方向发生改变，那么两个电平水平不同的案件录音，既可能来自不同声源，也可能来自同一个声源。

同样，在有混响的房间内，如果定向性麦克风指向声源，那么与房间中的混响声相比，录音平衡将更强调来自声源的直达声。这是因为与来自声源的直达声相比，从离轴方向到达的混响声被定向性麦克风的空间选择性减弱了。

2.5　人类的听觉特性

录音鉴定可能会涉及**可听度**（audibility）的问题：在当时的情况下，听音人能否听到某个特定的声音？例如，可能会出现这样的问题：在特定距离或存在已知干扰噪声的情况下，报警信号是否可以被听到。这类问题需要对人类听觉系统的优缺点有所了解。接下来的两个小节简要介绍了两方面的内容：①听觉系统的解剖学构造和生理机能，包括人耳及其与大脑的神经连接；②听觉的主观方面（心理声学）以及在存在竞争性声音和噪声的情况下，识别出目标声音信号的能力。

2.5.1　人耳的解剖学和生理学

耳朵是与听觉相关的感觉器官，它将声能转换为神经代码，由大脑的特定结构进行处理。耳朵的基本解剖结构包括三个部分：外耳、中耳和内耳（Kinsler et al.，2000；Pickles，2013）。

外耳是听觉系统的外部可见部分。外耳瓣，又称**耳郭**（pinna），围绕着外耳道的开口。许多哺乳动物的耳郭是可移动的，能够在特定方向上有意旋转，例如鹿或猫。然而，人类的耳郭一般不能以任何实际的方式进行移动，除非旋转整个头部。**耳甲**（concha）指的是耳郭的中央凹陷部分，它与**听道**（auditory canal）或**耳道**（ear canal）的外部开口相连。

耳道沿中线略微弯曲，直径约为 0.8cm，长度约为 2.5cm。由于耳道与外耳连接处暴露在头部外面的空气中，因此，耳道内的平均气压与头外的环境气压相等。耳道的内端被密不透风且防水的**鼓膜**（tympanic membrane/eardrum）完全密封。耳道有助于保护鼓膜以及中耳和内耳的其他敏感结构，同时仍然可以使外部的声音直接产生声学耦合。

外耳的形状和结构，以及耳朵相对于头部和上身的位置，会引起声学**衍射**（diffraction），这种衍射取决于声源的方向（方位角和仰角）和声音的波长。在方位角（左右方向）平面上**定位**声源的能力主要取决于**双耳**听觉效应（binaural hearing）：在更高水平的组合神经处理之前，每个耳朵的感觉器官是独立进行声音编码的。

当在自由声场中听音，或者使用耳罩式（包围住耳朵）耳机、耳挂式（挂在耳朵上）耳机听声音时，会用到外耳到鼓膜间的声学通道，但是当使用插入式耳机（耳塞）听声音时，部分外耳道的声学路径就用不到了。

中耳位于鼓膜和内耳之间，由三块**听小骨**（ossicle）（小骨头）和位于人颅骨颞骨深处的中耳**鼓室**（tympanic cavity）组成。三块听小骨分别是连接鼓膜内表面的**锤骨**（类似锤子）、**砧骨**（类似铁砧）以及与内耳**前庭窗**（oval window）相连的**镫骨**（类似马镫）（图 2.15）。镫骨是人体中最小、最轻的骨头。听小骨通过韧带和两块微小的肌肉（**鼓膜张肌和镫骨肌**）一起悬挂在中耳腔内。鼓膜张肌与锤骨相连，而镫骨肌是人体中最小的骨骼肌（长约 1mm），与镫骨相连。这些听觉肌肉在一种被称为**听觉反射**（acoustic reflex）的生理反应中发挥着作用，对此将在 2.5.2 小节中进行讨论。

咽鼓管（eustachian tube）（图 2.15）是中耳腔和鼻咽后部之间的一个管道，是咽喉和鼻腔之间的连接区域。正常情况下，（每只耳朵的）咽鼓管是关闭的，但在吞咽时会暂时打开，以使空气能够通过咽鼓管平缓地进出中耳。如果中耳内的空气与鼻咽部的空气之间存在稳定的气压差，那么咽鼓管就允许空气渗透并使得鼓膜内外侧的气压保持平衡。如果环境压力突然发生变化，比如当飞机快速上升或下降时，通过咽鼓管的空气运动更加迅速，就会产生熟悉的"耳鸣"感觉。

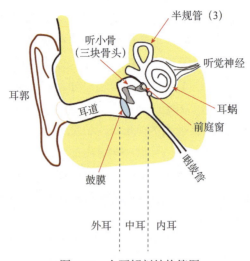

图 2.15　人耳解剖结构简图

通常情况下，中耳腔中的空气与头颅外部的空气压力大体相同。有时，由于咽鼓管暂时阻塞、炎症或疾病等原因，中耳腔中的气压与周围的气压可能并不相等，造成鼓膜内外两侧的压力不平衡，进而使鼓膜变硬并改变了听骨链的机械敏感性。

内耳是由作为听觉器官的**耳蜗**（cochlea）、三个**半规管**（semicircular canal）以及前庭平衡器官的相关结构组成的。虽然对录音鉴定并没有意义，然而三个半规管对三维空间中每个维度的角加速度都很敏感，两个较小的前庭结构对与重力作用有关的线性加速度比较敏感。这种运动的神经编码构成了人类平衡感和空间定向的生理基础，建立了身体运动与平衡相结合的能力。

耳蜗是听觉系统的主要神经感觉器官。耳蜗是一个呈螺旋形状的骨腔，包围并保护着对声音振动非常敏感的生物软组织。耳蜗的内部可以分为若干个充满液体的腔室和许多微观的神经结构。中耳的镫骨附着在耳蜗的前庭窗上。在耳蜗结构内的**螺旋器**（organ of Corti）上排列着许多显微**毛细胞**（hair cell），检测声音引起的振动并将其转换为神经代码的过程就发生在这些毛细胞内。人类耳蜗中大约有 3500 个**内**毛细胞和 12000 个**外**毛细胞。内毛细胞提供振动刺激的神经传导，而外毛细胞则被认为具有耳蜗放大器和增益压缩机的功能。听觉神经的神经元由每个内毛细胞的底部连接至脑干的位置。

本节剩余部分将简要概述听觉生理通路的几个处理阶段。由于声音是一种高于或低于环境压力的微小压力波动，这就意味着，当头部周围的空气中出现声波时，耳道中的瞬时压力将交替地高于和低于中耳腔中保持的固定气压。耳道和中耳中空气之间的声压差会对鼓膜产生净力，使其随着压力差的变化而做出交替性的进出运动。声压振幅越大，对鼓膜的作用力就越大，进出运动的位移也越大。促使鼓膜位移的振荡声能产生了锤骨和其他听小骨的运动。因此，中耳像是一个**换能器**（transducer），通过听骨链对力和力矩的振荡传递，将声能转换成机械能。大致上讲，听骨链就像一个机械杠杆系统，将相对较大的鼓膜上的力向下传递到微小的前庭窗孔，并进入充满液体的耳蜗的机械结构中。

中耳的一个重要功能是将空气中声波的能量有效地传递至耳蜗内，并使耳蜗的感觉结构产生机械位移。就机械水平作用而言，中耳起着阻抗变压器的作用。但更重要的是，到达耳郭相对较大区域的声能被传递到鼓膜的中间区域，然后再集中到镫骨底板非常小的区域内。总之，外耳和中耳的结构在很大程度上缓解了空气中的压力、粒子速度以及耳蜗中相应的机械位移之间的声阻抗不匹配的问题（Allen et al.，2005；Pickles，2013）。

以上只是对单耳听觉通路的简要介绍。我们的两只耳朵都有这样的通路，特定的大脑区域将神经信息交叉组合到两只耳朵，从而进行双耳听觉处理。听觉系统的高级处理包括听觉神经和结构在两耳之间共享信息，使我们能够估计特定声源相对于听音人头部的方向和距离。对于感兴趣的读者来说，可以从 Geisler（1998）和 Pickles（2013）两本著作中获得有关听觉解剖学和生理学更详细的解释。

2.5.2 心理声学

人类的听觉系统作为声音的检测器，有许多明显的优点和缺点。一般认为，在实验室条件下进行测量时，人类的听觉范围大约是 20～20000Hz。但是，耳朵探测声音的能力取决于特定频率下的压力振幅、声音刺激的复杂性以及不同听音人的个体差异等。尽管这超出了本书的研究范围，但有许多与人类听觉系统有关的有趣、易懂的参考资料，对此感兴趣的读者可以去研究一下这个迷人的领域（Bess and Humes，2008；Moore，2012）。

在录音鉴定中，通常并不涉及人类听觉系统的生理学，但是有时候，针对一些涉及可听度、可懂度（intelligibility）、说话人鉴定（speaker identification）[①]和其他亲听证人证词（earwitness testimony）等问题的案件，声音**感知**会变得很重要（Koenig，1986）。人类心理声学有许多方面都很有趣，但是本书只关注其中

---

① 译者注：即语音同一性鉴定，或者语音同一认定。

的三个方面：频率敏感度（frequency sensitivity）、频率掩蔽（frequency masking）和噪声中的语音检测（speech detection）。

与具有明确客观定义的**声压级**不同，声音的**响度**（loudness）是一个取决于听音人的感知量。针对人类被试者的大型测试表明，我们对声音响度的主观判断取决于声音在我们耳边的频率和振幅。声学专家使用**等响曲线**（equal-loudness contour）的经验图表，如 Fletcher-Munson 图表或 Robinson-Dadson 图表，来表现平均的敏感度行为。在这些研究中，研究人员招募了大量年轻、健康的被试者进行主观响度测试。首先让被试者听到一个固定声压级下 1000Hz 的正弦音，然后转动旋钮，调节在其他频率条件下声音的响度，直到被试者觉得这个声音与1000Hz 参考声音的响度相同时为止。在一系列的不同声压级条件下，针对1000Hz 的参考声音，研究人员对上述处理过程进行了重复实验，并且对所有参与测试的被试者的实验表现进行了平均。

由此得出的平均响应结果（图 2.16）表明，对于年轻、健康的听音人来说，要想使频率低于 1000Hz 的声音听起来与 1000Hz 的声音同样响亮，通常需要更高的声压：与 2000~4000Hz 范围内的声音相比，典型的健康人耳**对低频声音并不敏感**（ISO，2003）。人耳对频率约为 3000Hz 的声音最为敏感，这与耳道共振的波长是相对应的。一般来说，人耳对频率在 4000Hz 以上声音的敏感度有所降低，当频率超过 20000Hz 时，人耳就很少或几乎感觉不到了。

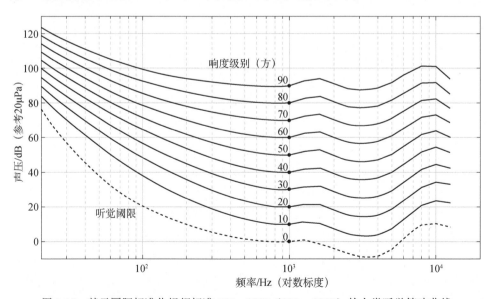

图 2.16 基于国际标准化组织标准 226：2003（ISO，2003）的人类听觉等响曲线

　　从等响曲线中，我们可以看到关于人类听觉的另一个非常重要的发现，即听觉的敏感度不仅随着频率的变化而变化，而且**还随着振幅的变化而变化**：随着1000Hz 参考声音响度的增加，等响曲线**更趋平坦**（敏感度更加一致）。换句话说，相对于比较不同频率的安静声音，我们在比较所有频率的大音量声音时，在响度的感知判断上更加一致。

　　除了敏感度与频率之间的相互作用之外，当人类的听觉系统暴露于大响度的声音中时，敏感度还会表现出时间的变化性。**听觉反射**是由高电平声音（例如枪声）引起的人耳生理性神经反应。尺寸很小的镫骨肌收缩，改变了镫骨底板与耳蜗前庭窗的机械耦合。这种收缩在一定程度上保护了内耳免受大响度声音可能带来的破坏性影响。与身体其他的肌肉躯体反射一样，听觉反射是不受意识控制的，但其效果可能会造成敏感度的水平出现高达 15~20dB 的变化。然而，听觉反射对大响度声音做出反应是需要时间的，因此，对于防止具有突然性和冲击性的声音（如附近的枪声）来说，我们不能指望听觉反射可以起到任何明显的保护作用。当大响度声音暴露停止时，镫骨肌会逐渐恢复到正常状态。

　　如前所述，图 2.16 中的等响度特性是由一群年轻、健康的听音人所获得的。个别听音人，特别是中耳和内耳结构曾经遭受过噪声暴露、疾病或神经损伤等伤害的，可能会与这些标称曲线有着明显差异。有些人两只耳朵的敏感度也会存在显著差异。或许最重要的一项发现是，听觉敏感度几乎总是随着年龄的增长而下降。与年龄相关的听觉敏感度丧失（即**老年性耳聋**，presbycusis）通常是逐渐发生的，因此，当自然变化开始出现时，个人可能不会立即注意到这些影响。**耳鼻喉科医生**（otolaryngologist）是专门研究耳朵、鼻子和咽喉疾病的医生，他们可以提供有关听力问题的咨询意见；而**听力学家**（audiologist）可以提供定期检测，以测量听力的敏感度。

　　在录音鉴定中，经验显示，耳朵是一个**非线性**且**随时间变化**的探测器，针对亲听证人的证词，以及当鉴定人使用耳朵从听觉角度对实验室中的录音证据进行解释时，我们需要对鉴定结果的解释保持小心谨慎（Maher，2015）。强烈建议定期对录音鉴定人进行听力筛查测试，以跟踪了解其听觉敏锐度的任何变化。正如我们将在第 4 章中描述的那样，尽管录音鉴定不仅仅涉及听力，但是在大多数鉴定项目中，鉴定人员的听觉都不可避免地发挥着关键作用。

　　掩蔽（masking）这个术语是用来描述这样一种现象：当有其他声音同时或几乎同时出现，且频率内容几乎一致时，人耳和大脑可能更难注意到某个特定声音的存在（Moore，2012）。事实上，当一个声音单独出现时，它可以被清楚地探测到，但在其他具有特定频率内容和声级的声音存在时，它可能在听觉上变得不可听，即**被掩蔽**了。对于一些极端情况，我们都非常熟悉了，比如音量很大的电视声会淹没轻轻的敲门声；再比如，在一个派对上，同时存在的大声对话和背景音乐会干扰你自己的谈话。然而，在相对安静的声音和环境下，掩蔽效应也可能发生。

在有噪声的情况下，有可能听不到所期望的对话，虽然这种掩蔽效应可能令人烦恼，但该效应也有助于评估人类听觉系统检测不需要或不相关的背景声音的能力。例如，**频率掩蔽**在大多数现代感知录音编码系统（如 MP3、AAC、WMA）中都有应用，通过允许调整编码噪声水平（信号差异）增加频带，在这些频带中，使录音信号中自带的较强频率成分实现对噪声的有效掩盖。尽管信号存在差异，但如果算法设计者做得好的话，**人类听音人是听不到**信号缺陷的。这意味着，精心编码的录音可以用更少的比特数来呈现人类听觉可以接受的原始录音信号的复制品。然而，当录音鉴定人试图用客观的测量和计算来解释重建信号的波形和频谱时必须要小心谨慎：感知编码可能已经引入了一些信号特征，虽然听音人可能听不到，但这些特征可能会改变或干扰正常的客观分析。更多信息见2.8 节。

2.5.3　声压级测量中的频率加权

由于人耳对频率的敏感度是不均衡的，因此，通常使用近似于人耳敏感度的滤波器来测量声压级。这种滤波器称为**加权滤波器**（weighting filter），这是因为它对人耳最敏感的频率范围内的声音能量进行了强调（加权），同时对人耳敏感度较低的频率范围的权重进行了降低。由此产生的滤波器是一个**带通**滤波器（bandpass filter），也就是说，它主要允许特定频率范围或**频带**（band）内的部分信号通过。最常见的加权滤波器是标准化的 **A 加权**滤波器（A-weighting filter），它接近于 40dB 参考信号的平均等响曲线。标准声压计通常都具有 A 加权设置，有些可能还有其他加权选项，例如 C 加权和"未加权"（平坦）的频率选择。如果使用加权滤波器进行声级测量，应说明其读数，例如"仪表读数为 45dBA，参考 20μPa"，其中"dBA"表示使用的是 A 加权滤波器（Kinsler et al.，2000）（图2.17）。

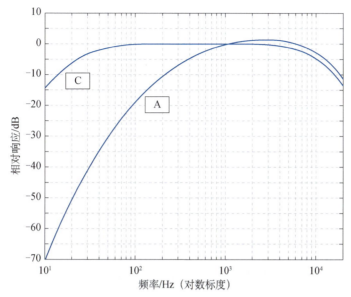

图 2.17　用于声级测量的常见"加权"滤波器 A 和 C

2.5.4　语音可懂度

在录音鉴定过程中，经常需要对含有人类语音的录音资料进行解释。有时候，委托鉴定要求可能是，在有证人描述或有其他证据确定的条件下，对话语可以被理解的可能性进行评估。

作为一种主要的交流方式，人类语音在进化过程中已经包含了大量的**冗余信息**（redundancy），这样即便在有竞争声音和噪声的情况下，听音人也能理解说话人的话语。语言结构还提供了上下文和语义信息，从而使听音人能够获得语句的要点，而不必理解每个单词的意义。尽管如此，噪声往往会干扰语音交流的可懂度（Quatieri，2002）。

通常用以分贝表示的**信噪比**（signal-to-noise ratio，SNR）来描述带有噪声的语音。信噪比通常是使用关于语音电平和干扰噪声电平的假设来估计的。一个信噪比为零分贝的信号意味着信号（语音）电平和噪声电平是相同的，而当信噪比的分贝值是负数时，则意味着噪声电平高于语音电平。

带噪声语音可懂度的主观测试通常遵循图 2.18 所示的形式。当信噪比高于 10dB 时，可懂度（听音人辨听对话的正确率）几乎为 100%，当信噪比低于负 10dB 时，可懂度基本上迅速下降到零。

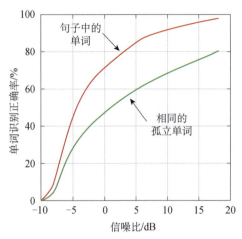

图 2.18　句子和孤立单词中语音的可懂度（依照（Miller et al.，1951））

人类语音在 200～4000Hz 范围内的信号能量（带宽）是很显著的，这正是普通电话和移动无线电系统用于传输语音信息的音频带宽。增加音频带宽通常会提高语音的**质量**（quality），使听音人感到满意，但即使听音人认为语音质量提高了，**可懂度**也不一定会提高。当录音鉴定人被要求提高带噪声语音的质量时，谨记下面的事实是很重要的：有时候，即使听音人认为经过处理后的录音质量变得更好了，但录音中语音的可懂度依然较低。在 6.2 节的几个例子中，作者对这种现象进行了讨论。

2.6　信号处理

像人的耳朵一样，音频工程系统对空气中的声压波动进行采集，并将声能转换为机械运动和电信号。物理学家和工程师将能量由一种形式转变为另一种形式的过程称为**能量转换**（transduction）。音频**换能器**（transducer）包括麦克风和扬声器。

麦克风含有一个功能类似于鼓膜的振膜（diaphragm）。对于振膜来说，暴露于声源一侧的瞬时气压与另一侧的固定气压不同，从而导致振膜在每个声压周期内产生了进出运动的差动力。振膜的机械运动能够驱动生成元件将运动转换成电信号。多年来，音频工程师为麦克风设计了很多不同的生成元件，如可变电阻、电磁感应、可变电容和压电材料等。

麦克风响应声音产生的电信号是**模拟**信号。由于电流和冲击振膜的声学压力波都是随时间连续变化的，两者的变化呈线性比例，因此，电信号与压力信号是**类似的**。像任何其他电子通信信号一样，模拟音频信号可以被放大、滤波、录制、复制、调制、广播和其他方式处理。

扬声器将模拟电信号互补性地转换成声音。扬声器驱动器的常见设计包括一个**电机**元件和一个**振膜**。电机元件用来产生与音频电信号成比例的力和运动，而振膜用来将电机的机械运动有效转换为声波。扬声器通常包括一个系统，其中驱动器（电机和振膜）在一个专门构造的谐振外壳（机柜）内工作，这有助于提高扬声器系统的线性度（linearity）和效率。有源扬声器的外壳、驱动器甚至放大器都是一起设计的。现代扬声器通常使用多个不同尺寸的驱动器，以便在可听声音所容纳的极宽波长范围内优化再现声音（20Hz 声音的波长大于 17m，20000Hz声音的波长小于 2cm）。

2.7　数　字　录　音

虽然麦克风产生的是模拟信号，但当代录音系统几乎完全涉及**数字**信号的处理和存储。**数字化**（digitization）是指由一个称为**模数转换器**（analog-to-digitalconverter，ADC）的电路执行的两个过程。模数转换的第一个过程是**时间采样**（time sampling），即每秒多次快速、重复测量模拟录音信号的瞬时值。每个单独的测量都是一个时间**样本**（time sample）。时间采样发生的速率称为**采样率**（sampling rate），以每秒采样次数（赫兹）表示。模数转换的第二个过程是**量化**（quantization），即用整数值表示每个波形样本。测量的**精度**通常由每个样本使用的数字比特数来表示。例如，使用最公认的脉冲编码调制（pulse-codemodulation，PCM）的表示方法，16 位量化的意思是用一个 16 位整数来表示每个样本的振幅，该整数可以是 $2^{16} = 65536$（–32768 到 32767）个不同值之一。

例如，标准的录音光盘（CD）有两个录音声道（立体声），每个声道的采样率均为 44.1kHz，每个采样的分辨率均为 16 位。与模拟信号不同的是，数字信号可以存储在计算机存储器中，通过数字网络传输，并通过纠错编码进行保护。更重要的是，可以对数字录音进行完美复制。然而，必须注意的是，要通过使用足够快的采样率，以确保数字化后有足够大的录音带宽，同时要通过在量化器中使用足够数量的比特值，以确保数字化后有足够高的振幅精度。根据数字采样的数学理论要求，采样率至少是被采样的模拟信号带宽的 2 倍（**奈奎斯特**速率，theNyquist rate）。也就是说，为了适应整个 20000Hz 的可听带宽范围，采样率将超过 40000Hz。量化精度通常是由特定应用所需的信号量化噪声比（signal-to-quantization noise ratio，SQNR）来决定的。电话质量的语音可以使用 8bit 或 12bit 量化（信号量化噪声比为 45～75dB），而高保真音乐一般至少需要 16bit 量化（信号量化噪声比大于 90dB）。

作为一个补充过程，**数模转换器**（digital-to-analog converter，DAC）将声音的数字化表示重构为模拟信号。在功率放大器驱动扬声器或耳机用于听音之前，该重构过程通常是最后一个步骤。

2.8　录音编码感知

尽管上述传统的录音采样、量化和重构过程效果很好，但会导致**比特率**（bit rate，比特/秒=（比特/样本）×（样本/秒））过高，不适合小型与廉价的传输和存储系统。自 20 世纪 80 年代末以来，出现了利用人类听觉系统优缺点的数字录音信号处理系统，在比特率远低于传统数字录音系统（比特/样本）×（样本/秒）的情况下，这种系统能够提供非常好的**感知**质量。感知录音编码算法，例如 MP3（运动图像专家组（moving picture experts group，MPEG）1，第 3 层）、杜比数字和 MPEG 高级录音编码（advanced audio coding，AAC），都依靠人类心理声学的**掩蔽**现象，使用较低的比特率，同时在具有强信号成分的时间间隔内仍然能够掩盖高水平的量化噪声。重要的是要知道，对于重构的录音而言，尽管人耳听起来音质很好，但其感知录音编码系统是**有损**编码器。这意味着，对于传统的数字录音系统来说，原始信号与重构信号之间的差异会受到量化水平的限制，与之不同的是，感知编码信号的波形差异可以在幅度上大很多，即使这种差异是人耳听不到的。

录音鉴定越来越多地涉及产生感知编码录音的录音系统，在对有损编码录音进行波形分析时必须非常小心。当解码一个有损编码信号，然后通过另一个有损的重新编码再次压缩它时，会出现令人担忧的问题。即使二次编码与原始编码/解码的算法相同，一系列的有损压缩、重构、有损压缩、重构等也会导致可听伪音和失真的累积。一般来说，**绝不应该对感知编码录音进行均衡或重新编码**，因为这些处理会改变感知编码算法所利用的声谱细节。

参 考 文 献

Allen, J. B., Jeng, P. S., & Levitt, H. (2005). Evaluation of human middle ear function via an acoustic power assessment. *Journal of Rehabilitation Research and Development, 42*(4), 63–78.

Allen, J. B., & Rabiner, L. R. (1977). A unified approach to short time Fourier analysis and synthesis. *Proceedings of the IEEE, 65*(11), 1558–1564.

Bess, F. H., & Humes, L. E. (2008). *Audiology: The fundamentals* (4th ed.). Philadelphia, PA: Lippincott Williams and Wilkins.

Geisler, C. D. (1998). *From sound to synapse: Physiology of the mammalian ear*. New York: Oxford University Press.

Harris, C. (1966). Absorption of sound in the air versus humidity and temperature. *The Journal of the Acoustical Society of America, 40*(1), 148–159.

Hartmann, W. M. (2013). *Principles of musical acoustics*. New York: Springer.

International Organization for Standardization (ISO). (2003). *ISO 226:2003: Acoustics-normal equal-loudness-level contours*. Geneva, Switzerland.

Kinsler, L. E., Frey, A. R., Coppens, A. B., & Sanders, J. V. (2000). *Fundamentals of acoustics* (4th ed.). Hoboken, NJ: Wiley.

Koenig, B. E. (1986). Spectrographic voice identification: A forensic survey. *The Journal of the Acoustical Society of America, 79*, 2088–2091.

Maher, R. C. (2015). Lending an ear in the courtroom: Forensic acoustics. *Acoustics Today, 11*(3), 22–29.

Miller, G. A., Heise, G. A., & Lichten, W. (1951). The intelligibility of speech as a function of the context of the test materials, *Journal of Experimental Psychology, 41*(5), 329–335.

Moore, B. C. J. (2012). *An introduction to the psychology of hearing* (6th ed.). Bingley, UK: Emerald Group Publishing.

Pickles, J. O. (2013). *An introduction to the physiology of hearing* (4th ed.). Bradford, UK: Brill.

Quatieri, T. F. (2002). *Discrete-time speech signal processing: Principles and practice*. Bergen, NJ: Pearson Prentice Hall.

第 3 章
录音鉴定的历史

　　对录音进行司法鉴定的能力取决于是否有在录音室范围之外形成的录音资料。20 世纪 50 年代出现了第一台使用磁带的便携式录音机，很快这些设备就被用来获取秘密的采访和窃听录音，同时也用来录制讯问和认罪的过程。

　　虽然磁带录音对调查活动的作用得以迅速显现，但是当时录音证据的可采性并未马上得到法律上的认可。假如录音是偷录的，这是否会侵犯被告人反对自证其罪的权利？如果由于录音质量较差，对语音和其他细节的认定出现不确定性，该如何处理？如果录音是假的，或者可能以某种方式被篡改或剪辑，该怎么办？很快这些现实和法律问题就变得非常重要了。

3.1　McKeever 案

　　美国诉 McKeever 案（United States District Court，1958）是在美国联邦法院中第一起涉及录音鉴定的著名案件，该案件发生在 20 世纪 50 年代末。根据联邦反敲诈勒索法，政府以实施和密谋实施敲诈的罪名起诉了 Thomas McKeever 和 Lawrence Morrison 两名被告。McKeever 和 Morrison 是国际码头工人协会地方工会分会的代理人。起诉书指控他们恐吓一家与码头工人工会签有合同的 James J. Ball&Sons 公司。

　　在本案中，相关的检材录音材料并非来自政府监控部门，而是由被告人 Thomas McKeever 本人提供的。在起诉书发出之后，McKeever 先生自行安排与 Ball 公司的代表进行了交谈，同时对谈话过程进行了秘密录音。随后，McKeever 的律师想通过这些由被告录制的秘密录音来证明控方证人 George Ball 在法庭上的证词与其之前的陈述不一致，以此来质疑 Ball 证言的可信度。

在辩方对 Ball 先生的交叉询问中，Ball 作证说他不记得与 McKeever 先生的特别对话了，而这对于辩方来说是很重要的。法官允许辩方律师在法庭上播放录音，但只是让 Ball 先生通过耳机进行听音，在场的陪审团成员是听不到录音内容的。换句话说，法官允许播放录音的目的只是用来唤醒或恢复 Ball 先生的记忆，但不能作为证据供陪审团审查。在听完录音之后，Ball 先生作证说，他现在确实回忆起了那次谈话内容，并确认了他之前的证词。

在这一点上，辩方认为 Ball 先生在法庭上的证词与录音中的谈话内容不一致，并请求法庭允许向陪审团播放录音，让陪审团听一听录音中能够证明辩方声称的不一致的部分内容。然而，控方提出反对意见，认为"针对录音的准确性或真实性，在此次庭审前，没有证据证明被告提供的录音就是 McKeever 和 George Ball 的谈话录音"，辩方未能为上述问题建立起坚实的基础。

在审查了几个与录音证据相关的先例之后，法官拒绝了在法庭上播放该录音的请求，并指出（United States District Court，1958）：

> 官方通过审查得出结论认为，将录音作为证据使用前，必须以证明如下事实为前提：
> （1）录音设备能够录制现在作为证据的对话。
> （2）该设备的操作人有能力操作该设备。
> （3）录音是真实的、准确无误的。
> （4）录音未被修改、添加或删除。
> （5）录音的保存方式已向法庭展示。
> （6）说话人已被认定。
> （7）谈话内容基于说话人的自愿与真诚，不存在任何引诱。

在录音鉴定领域中，上述七个事实被非正式地视为**录音真实性鉴定的七个原则**。

尽管在今天看来原则 1 和原则 2 是显而易见的，然而在 1958 年，人们可能更关心磁带录音的技术问题。时至今日，第 3 和第 4 项原则仍然非常重要且有现实意义：法院希望确保检材录音未被有意或无意地篡改。原则 5 表示需要对录音的保管链进行核实，就像对任何其他物证的核实一样。鉴定人员可能还需要按照原则 6 进行处理，即需要对录音中的说话人进行同一认定。最后，第 7 项原则提出了录音是说话人自发进行而未受强迫的要求。

在 1958 年的 McKeever 案中，法院还有预见性地表示：

当前电子与录音技术的发展，使其不可避免地被用来获取和保存具有真正证明力的证据。法院在处理这类证据时，应当让诉讼当事人能够享受到科学发展所带来的好处。司法部门坚持为此类证据奠定适当的基础，就能提供防止欺诈或其他滥用行为的保障措施。

3.2 McMillan 案

1974 年，在一起联邦毒品犯罪案件中，由于在审判时使用了录音证据，最终导致被告提起上诉。Beverly Johnson 是一名联邦线人，在本案中担任贩卖海洛因的中间人。联邦探员对 Johnson 的电话进行了监听，使用录音设备获取了各种通话内容。其中，与嫌疑人 Harold McMillan 的几次通话内容都涉及购买海洛因的安排。

在对 McMillan 的审判中，法官允许检察官向陪审团播放录音对话的部分节选，并允许一名探员阅读录音的书面记录。辩方反对使用该录音及其文字记录，认为检察官没有确立其真实性与合法性的基础。与 McKeever 案一样，上诉法院的判决强化了录音证据可采性的基本原则，还解决了一些关于确定录音真实性和说话人鉴定的具体问题。

3.3 联邦调查局的程序

20 世纪 60 年代初，美国联邦调查局（FBI）开始进行录音鉴定的分析和清晰化处理工作。在 McKeever 原则的基础上，美国联邦调查局予以扩展，确定了处理录音资料的 12 个步骤（Koenig，1988）：

（1）证据标识。

（2）物理检查。

（3）记录轨道的位置和配置。

（4）确定对齐方位角。

（5）播放速度分析。

（6）正确的播放设置。

（7）整体听辨分析。

（8）整体快速傅里叶变换（FFT）分析。

（9）对清晰化处理设备进行设置。

（10）复制过程。

（11）工作记录。

（12）报告。

步骤 3 至步骤 6 特别提到了与模拟磁带录音相关的问题，模拟磁带是当时唯一常见的可用录音介质。

3.4　水门事件录音带

Frank Wills 是华盛顿特区水门酒店和办公大楼的夜间保安员。1972 年 6 月 17 日凌晨，他发现大楼地下室通道的门闩上贴有胶带。Wills 先生以为胶带是被来回进出的建筑工人贴上的，只是在白天时忘记撕掉了，所以他把胶带取走了。后来在巡视过程中，他发现有人在门闩上重新贴了胶带，于是 Wills 就报了警。安保人员很快就在六楼的民主党全国委员会办公室抓到了五名窃贼。当时几乎没人知道，这一事件引发了一系列事件，最终导致了尼克松（Nixon）总统的辞职，同时这也成为录音鉴定的一个重要里程碑。

水门事件的窃贼最终被审判，并被认定犯有多项联邦指控。但在 1973 年初，有足够的证据表明，此次盗窃行为是尼克松连任竞选过程中更大范围的可疑活动的一部分，可能得到了白宫官员的支持和指导。美国参议院对此非常关注，于 1973 年 2 月 7 日，成立了参议院总统竞选活动特别委员会。证词很快就指向了一个涉及白宫官员的更大阴谋，尼克松的顾问可能会采取措施，通过掩盖非法行为来妨碍司法。1973 年 4 月、5 月和 6 月期间，随着参议院委员会继续举行公开听证会，各种猜疑不断加剧。

随后，1973 年 7 月，白宫助理 Alexander Butterfield 在参议院委员会作证，首次披露了总统与其顾问们之间的谈话录音早在 1971 年就存在了。在尼克松的第一个任期内，总统指示特工处在白宫的椭圆形办公室和内阁会议厅、行政办公大楼的总统私人办公室以及马里兰州农村的戴维营安装录音系统。只有总统本人和少数助理知道这些录音系统的存在（Nixon Presidential Library and Museum，2015）。

最初，尼克松总统以行政特权为由拒绝公布新披露的"白宫录音带"，但在 1973 年末，却被要求向法院提供录音的文字记录以及几份特定的录音带。

早在 1973 年末，水门事件的调查人员就对一份特别的录音非常关注，录音内容是尼克松总统和他的幕僚长 H.R. Haldeman 之间的对话。调查人员认为，1972 年 6 月 20 日（水门事件发生后的第 3 天）在行政办公大楼内录制的这段对话，很可能包含了尼克松和 Haldeman 讨论掩盖水门事件的内容。然而，调查人员发现，他们感兴趣的那部分录音是听不到的：这部分录音包括 18 分半钟的嗡嗡声，但没有检测到对话。调查人员怀疑，这"18 分半钟的间断"是有人故意删除或覆盖原始的谈话内容，以破坏尼克松和 Haldeman 对话中的罪证部分。

随着指控的增加，美国哥伦比亚特区地方法院首席法官 John J. Sirica 认为存在这样一种可能性，即有人通过故意删除部分录音内容来妨碍司法公正。1973 年 11 月，Sirica 法官决定，需要对存在被剪辑可能的录音带进行司法鉴定（McKnight and Weiss，1976）。水门事件的特别检察官 Leon Jaworski 和总统的律师 James D. St. Clair 共同提名了一个特别专家小组来"……研究磁带和其上所录声音的相关问题"，小组成员由六名外部技术专家组成，分别是：Richard H. Bolt、Franklin S. Cooper、James L. Flanagan、John G.（Jay）McKnight、Thomas G. Stockham, Jr.和 Mark R. Weiss（Advisory Panel on White House Tapes，1974）。

专家组采用了一种系统分析的方法进行检验，该方法至今仍被认为是评估录音真实性的最佳做法。首先，专家组通过检查磁带的物理和机械特征，来寻找任何修改或损坏的迹象。然后，他们记录了录音的总时长，试图验证录音是连续的，并且不存在无法解释的删除或启动/停止序列。专家组还对整个录音进行了仔细听辨，使用无损的磁学和电学方法进行观察，并采用信号处理方法提高录音的可懂度。

1974 年 5 月，专家组在报告中称，是磁擦除导致了原始录音形成后的某个时间点出现了 18 分半钟的中断。专家组指出，重叠擦除进行了若干次，所用的录音器材是一种与原始录音设备不同的、特定型号的录音机。专家组的结论主要是基于 1972 年 6 月 20 日的录音磁带上出现的开始/停止操作的磁性特征得出的。

最终，在 1974 年 7 月 24 日，美国最高法院一致要求尼克松交出所有相关的白宫录音带。在这些录音中，有一段 1972 年 6 月的谈话录音，就在水门事件发生几天后，尼克松总统同意了一项建议，指示中央情报局和美国联邦调查局以国家安全为由参与水门事件的调查。

这段所谓"确凿证据"的录音中所揭露的事实，被广泛视为总统妨碍司法的明显企图。因此，由于在国会缺乏任何有意义的政治支持，尼克松总统于 1974 年 8 月 8 日辞职，而不是面对很可能出现的弹劾和免职。

3.5　重新评估肯尼迪总统被暗杀事件

1963 年 11 月 22 日，约翰·F. 肯尼迪（John F. Kennedy）总统在得克萨斯州达拉斯遭到枪击身亡，当时他乘坐的豪华轿车经过市中心以西的迪利广场，车队正在榆树街。当时，得克萨斯州州长 John Connally 也在总统的豪华轿车里，他坐在总统前面，不幸也被子弹击中。Connally 州长最终从伤病中恢复过来。很少有犯罪行为像总统遇刺案这样受到持续的关注、审查和猜测。

Warren 委员会的官方调查结果是，Lee Harvey Oswald 从榆树街得克萨斯州教科书仓库大楼六层的窗户里，用一支步枪连续开了三枪。其中，一枪穿过总统的脖子，然后打伤了 Connally 州长，一枪击中了总统的头部，另一枪显然完全没有击中总统的豪华轿车（Warren Commission Report，1964）。

不幸的是，对于调查人员来说，关于枪击的次数和方向，案发现场的特工人员、执法人员以及迪利广场上的旁观者提供的亲听证词非常不一致。

Abraham Zapruder 是一名在现场观看车队的平民观众，他拍摄了一部业余的 8mm 电影，记录了总统的豪华轿车在教科书仓库大楼前的榆树街上向西行驶的过程。1963 年的业余电影摄像机还不能录制声音，但无声的 Zapruder 影片为我们提供了关于可能的射击时间以及总统和 Connally 州长遭受恐怖伤害的关键证据。

虽然 Zapruder 的影片中没有音频，但调查人员确定，达拉斯警方的无线电台可能在暗杀事件发生时录下了来自迪利广场的声音。事发当天，达拉斯警察局使用了两个无线电频道进行警方调度通信。其中一个频道用于常规无线电通信，另一个频道则由肯尼迪总统车队的警官使用。频道一的录音是用一种被称为**口述录音带**（dictabelt）的机器录制的，这种设备使用一个移动的唱针，将模拟凹槽嵌入在机器中一个移动的弹性塑料带中，最后所产生的凹槽可以让磁头唱针与运转的带子连接，从而实现录音的回放。频道二的音频也被一种叫作**有声仪**（audograph）的机器录制下来，录音被刻录到一张光盘上。为了节省录音时间，口述录音带和有声仪均采用声控方式录音：如果相应的无线电频道没有声音，录音机就会停止录音，然后等有无线电信息传来时再重新启动。

Warren 委员会对口述录音带和有声仪的录音进行了检验，并将有声音的对话语音转录成了文字。然后，在正式调查后的某个时间点，有人声称参加巡游车队的一辆警用摩托车上的无线电设备不知何故出现了故障，并且在一段时间内连续发射信号。虽然常规的车队对话在频道二，但来自摩托车的"开放式麦克风"录音在频道一出现了，据称这份录音捕捉到了摩托车发动机的声音和其他的背景噪声。

1978 年，**众议院遇刺案特别委员会**重新对约翰·F. 肯尼迪遇刺事件进行了多项调查。委员会提出的理论之一是，事发当时带有开放式麦克风的摩托车可能已经在迪利广场，因此，有可能在频道一的口述录音带录音中检测到枪声。委员会聘请了 James Bargar 博士和一个来自 Bolt、Beranek 和 Newman（BBN）公司的团队，对达拉斯口述录音带的参考复制件进行分析。BBN 公司的团队在迪利广场的几个位置录制了一系列的测试枪声，以重建案发时的射击场景，其中一支步枪位于得克萨斯州的教科书仓库大楼（由 Warren 委员会确定），另一支枪位于该仓库大楼以东被称为"草地山丘"的类似于公园的区域。BBN 团队的分析结论是，口述录音带的录音中的确有三声枪响，枪声均来自位于教科书仓库大楼六楼窗户的一支步枪；然而，他们还宣布了另外一个基于口述录音带录音的惊人结论，即很可能有来自草地山丘区域的第四声枪响。这一结论非常引人注目，因为这意味着有第二个枪手，而且可能存在一个之前不为人知的阴谋！

众议院特别委员会还聘请了纽约城市大学皇后学院的 Mark R. Weiss 和 Earnest Aschkenasy，对口述录音带录音和 BBN 团队的评估进行独立分析。Weiss 和 Aschkenasy 得出了与 BBN 团队相同的结论，甚至提出从草地山丘开枪的可能性更高（Weiss and Ashkenasy，1979）。这些引人注目的声学发现成为特别委员会最终报告的关键点之一。

然而，其他调查人员和声学专家对声学证据的可靠性、开放式麦克风的假设位置、录音时间以及用于表述调查结果科学确信程度的方法等提出了质疑。1980年，美国司法部要求国家科学院对 BBN 团队以及 Weiss 和 Aschkenasy 使用的声学证据和分析方法进行再次审查（National Academy of Sciences，1982）。也是在这个时候，一位名叫 Steve Barber 的普通公民听到了公开发布的频道一的口述录音带录音的副本，并发现了录音中的几个问题。其中最重要的是，Barber 先生注意到频道一的录音中夹杂着一些来自频道二的可以理解的"交叉谈话"内容。具体而言，可以识别出部分 Bill Decker 警长的话，他说"保持一切安全"这句话的时间与 BBN 团队确认的所谓枪声大约是同时出现在口述录音带录音中的。然而，众所周知，警长的声明是在暗杀发生后 1min 左右才出现的，因此，国家科学院的报告认为，由于检验并未涉及任何枪声的时间线部分，所以口述录音带录音无法支持草地山丘上存在第二个枪手的假设。

尽管进行了多次科学检验，也得出了各种反驳报告，但是关于达拉斯口述录音带证据的争论至今仍然存在。

3.6　说话人鉴定和"声纹"

早在 1944 年，**声纹**（voiceprint）一词就首次出现在贝尔电话实验室的出版物中（Tosi et al.，1972）。1962 年，贝尔实验室的 Lawrence Kersta 在《自然》杂志上发表了一篇题为"声纹鉴定"（Voiceprint Identification）的论文（Kersta，1962）。该论文指出，说话人的口腔、咽腔和鼻腔的独特大小决定了语音图谱是独一无二的，这就为对未知说话人的语音和已知说话人的语音数据库进行对比提供了潜在可能性。如果可行，这一具有吸引力的概念将成为指纹的听觉等效物。随后由 Kersta 和 Tosi 等进行的测试为此提供了一些有希望的结果。

在 20 世纪 60 年代和 70 年代期间，一些录音鉴定人建立了一种名为**听觉-声谱检验法**（aural-spectrographic method）的方法，用来比较未知说话人与已知说话人的语图。未知说话人的语音可以来自电话窃听、电话答录机或监控系统中的录音片段，而嫌疑人说的样本语音内容通常是从未知说话人的语音文本中获取的。鉴定人员对未知说话人和已知说话人的语音进行仔细辨听，对相应的声谱图进行视觉观察比较，两种方法结合分析得出结论，对未知语音是否是嫌疑人所说的可能性做出判断。鉴定报告可以采用以下五种可能的意见之一：

（1）认定（嫌疑人的语音与未知语音匹配）。

（2）可能认定。

（3）无法判断。

（4）可能否定。

（5）否定。

尽管声纹的概念很有吸引力，但听觉-声谱检验技术在司法应用中的可靠性和可信性却出现很大问题。其他的一些研究和报告削弱了个体语音的声谱图是唯一的且不随时间变化的基本假设，并对错误认定或错误否定的可能性问题提出了质疑（Bolt et al.，1969，1970，1973）。

1976 年，美国联邦调查局要求国家科学院任命国家研究委员会的一个特别小组来研究利用听觉-声谱检验法进行语音鉴定（voice identification）[①]的科学原理和可靠性。美国联邦调查局注意到，很多法院管辖地区都遇到了语音鉴定证据，

---

① 译者注：即语音同一性鉴定或说话人鉴定。

但关于此类证据的可采性和可靠性的争议仍然存在。最终，特别小组写道（Bolt et al.，1979，第 2 页）：

> 委员会认为，由于目前语音鉴定技术的不确定性非常大，因此，在司法实践中，要非常谨慎地使用。对于利用听觉–视觉方法（aural-visual method）进行语音鉴定的做法，委员会不采取任何支持或反对的立场，但是建议如果在法庭证词中使用该方法，应该将其局限性向事实认定者（无论是法官还是陪审团）做出清晰且全面的解释。

最近一些关于听觉–声谱检验法的讨论，如 Poza 和 Begault（2005），仍在呼应这些注意事项。

参 考 文 献

Advisory Panel on White House Tapes. (1974). *The executive office building tape of June 20, 1972: Report on a technical investigation*, United States District Court for the District of Columbia.

Begault, D. R., Brustad, B. M., and Stanley, A. M. (2005). Tape analysis and authentication using multi-track recorders, in *Proceedings of Audio Engineering Society 26th Conference, Audio forensics in the digital age, Denver, CO* (pp. 115–121).

Bolt, R. H., Cooper, F. S., David, E. E., Denes, P. B., Pickett, J. M., & Stevens, K. N. (1969). Identification of a speaker by speech spectrograms. *Science, 166*(3903), 338–342.

Bolt, R. H., Cooper, F. S., David, E. E., Denes, P. B., Pickett, J. M., & Stevens, K. N. (1970). Speaker identification by speech spectrograms: A scientist's view of its reliability for legal purposes. *Journal of the Acoustical Society of America, 47*(2), 597–612.

Bolt, R. H., Cooper, F. S., David, E. E., Denes, P. B., Pickett, J. M., & Stevens, K. N. (1973). Speaker identification by speech spectrograms: Some further observations. *Journal of the Acoustical Society of America, 54*(2), 531–534.

Bolt, R. H., Cooper, F. S., Green, D. M., Hamlet, S. L., McKnight, J. G., Pickett, J. M., Tosi, O. I., & Underwood, B. D. (1979). *On the theory and practice of voice identification*. Washington, DC: National Academy of Sciences.

Kersta, L. (1962). Voice print identification. *Nature, 196*, 1253–1257.

Koenig, B. E. (1988). Enhancement of forensic audio recordings. *The Journal of the Audio Engineering Society, 36*(11), 884–894.

McKnight, J. G., & Weiss, M. R. (1976). Flutter analysis for identifying tape recorders. *The Journal of the Audio Engineering Society, 24*, 728–734.

National Academy of Sciences. (1982). *Report of the committee on ballistic acoustics*. Washington,

DC: National Academy Press.

Nixon Presidential Library and Museum. (2015). *History of the White House tapes.*

Tosi, O., Oyer, H., Lashbrook, W., Pedrey, C., Nicol, J., & Nash, E. (1972). Experiment on voice identification. *The Journal of the Audio Engineering Society, 51*(6), 2030–2043.

United States District Court, Southern District, New York. (1958). *U.S. v. McKeever, 169 F.* Supp. 426 (S.D.N.Y. 1958).

Warren Commission Report. (1964). *Report of the President's commission on the assassination of President John F. Kennedy*, U.S. Government Publishing Office, https://www.gpo.gov/fdsys/pkg/GPO-WARRENCOMMISSIONREPORT/content-detail.html

Weiss, M. R., & Ashkenasy, E. (1979). *An analysis of recorded sounds relating to the assassination of President John F. Kennedy*, U.S. Congress, House of Representatives, House Select Committee on Assassinations Proceedings, vol. 8.

第 4 章
录音证据处理

录音鉴定涉及对录音证据的处理。通常情况下，录音证据可能只是存储在光盘、U 盘甚至电子邮件附件中的一个数字文件。除此之外，录音证据还可能以某种特有方式存储在设备或监控系统内部。即使在今天，一些录音证据还可能以模拟磁带录音的形式出现。

官方的法庭科学实验室一般都设有处理录音证据的标准做法和程序，还会为所有鉴定人员提供标准的培训流程。通常这些程序所遵循的原则也同样适用于对其他物证的鉴定工作。如果鉴定机构没有自己的鉴定指南，那么数字证据科学工作组（Scientific Working Group on Digital Evidence，SWGDE）颁布的最佳实践标准应该是一个很好的参考指南。

4.1　基本工具：录音播放、波形视图和声谱视图

当前录音鉴定的基本工具包括高质量的录音播放系统、波形显示程序和声谱显示程序。这些功能一般通过传统的台式或笔记本电脑来实现。

4.1.1　录音播放系统

录音播放系统需要有足够高的质量和灵活性，其相应的技术参数要超过案件录音材料的频率内容和动态范围。换句话说，任何播放质量的限制都将归因于录音材料本身，而不是播放系统的问题。

计算机的内置录音子系统、声卡或 USB 连接转换器不仅必须要支持适当范围的采样率和格式，还要包含能够处理案件录音证据原始格式所需的各种录音格式解

码和重构软件模块。专业监听音箱通常是令人满意的扬声器，可以从信誉良好的制造商处获取。频率响应范围最好是在 50～20000Hz。在很多鉴定项目的检验过程中，都建议使用耳机，因为耳机可以减少房间混响、电脑的风扇噪声和播放环境中其他可听干扰声音的影响。建议使用专业级的头戴式耳机，听筒要舒适且能够完全密封住双耳，对播放系统进行安排调整，使耳机系统有一个单独的音量控制旋钮。

当案件录音的质量较差，我们仍试图对相关声音进行听辨时，可能总会有调高音量的想法，然而，重要的是，不要将音量调得太大，以免使得耳朵的敏感度降低（听觉反射）。另外，在听音过程中，不要让意外出现的大音量声音伤害到耳朵，这也是非常重要的。

4.1.2　波形视图

对听觉信息的解释需要依靠耳朵，但**眼睛**在录音鉴定中同样有用。图形化显示的波形是基本的视觉检验对象，波形图的横轴表示录音的时间，纵轴表示录音的振幅。通常情况下，可以借助波形显示程序对特定时间范围的录音波形进行观察，并对时间轴和振幅轴进行"放大"或"缩小"控制。

如果时间间隔很短，图形显示通常将单个波形样本显示为点状。有些显示程序可以"连点"显示，在各个采样点之间绘制线条，如图 4.1 所示。如果时间间隔变长，那么要显示的样本数可能比显示屏上的水平像素点还多，大多数显示程序会在短时间内显示样本振幅的最大值和最小值，形成录音信号的**包络线**（envelope），如图 4.2 所示。

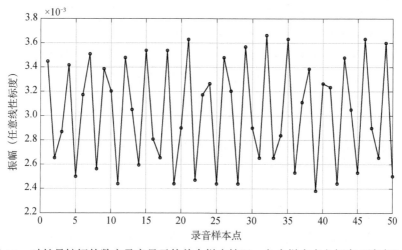

图 4.1　时长足够短的数字录音显示的单个样本情况，各个样本点之间有"连点"线

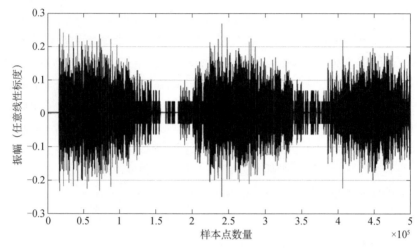

图 4.2　时长太长，无法描述每个样本时的波形显示：显示了信号包络线

　　最有用的图形化波形显示程序还可以实现录音的同步播放：在波形图中，通过光标（或选择并拖动，以高亮显示）来标注所选录音段的开始和结束位置。这样就可以当波形细节在听觉和视觉上发生变化时，进行反复的听辨和观察。

　　显示程序通常包括波形编辑、存储格式转换、录音效果处理和许多其他有用的功能。然而，对原始录音复制件的保护和保持是很重要的，特别是要防止在看图和初审过程中对录音进行意外编辑。

　　在处理经过编码的录音文件（如 MP3）时，会出现一个值得关注的问题。为了对录音文件进行查看和听辨，显示程序将 MP3 文件解码为常规的脉冲编码调制（PCM）样本。如果以任何方式对文件进行编辑，然后再次保存为 MP3，那么 PCM 样本将被**重新编码**为 MP3 格式，形成第二次编码。因为 MP3 和其他类似的感知编码器都是**有损**的，在解码/重新编码/解码的循环过程中，每一个有损的编码步骤都会导致声音的累加失真。正如前一章所指出的，不要对录音文件进行解码、修改，然后再将编辑过的录音文件重新保存为有损编码格式，这一点很重要。

4.1.3　声谱视图

　　声谱图（spectrogram）是一种直观显示案件录音的非常有用的方法。

　　声谱图是一种特殊的图形，通过对连续较短时间间隔内的输入信号进行分析，计算其短时傅里叶变换的幅度（**频谱**（spectrum）），并在屏幕上依次显示出来（Allen and Rabiner，1977）。如图 4.3 所示，声谱图是对从录音信号中抽取连续的短块（block）或帧（frame）进行分析得到的。

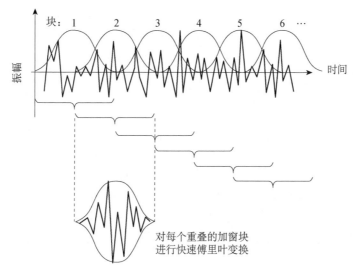

图 4.3　短时傅里叶变换的概念。将录音信号分割为重叠的块或帧，使用快速傅里叶变换
（FFT）计算每个块的短时声谱幅度

　　与波形显示一样，声谱图也能显示录音信号的能量，其横轴是时间刻度。与波形显示不同的是，声谱图的纵轴是**频率**刻度，单位是 Hz。在特定的时间和特定的频率上，录音信号能量的相对数量由图中相应的时间和频率坐标处声谱图的颜色或亮度来表示。因此，有时候，将声谱图称为**频域**（frequency domain）信号显示，而将波形图称为**时域**（time domain）信号显示。如图 4.4 所示，图中上半部分显示了立体声两个声道的时间波形包络，而下半部分显示了每个声道的声谱图。

　　在声谱图中，诸如咔嗒声或枪声之类的脉冲声显示为一条垂直的线条，这表明能量是跨频率的（沿纵轴方向很宽），但持续时间很短暂（沿横轴方向很短）。相反，口哨声或连续的嗡嗡声则显示为一条水平线，这表明声音的能量在其频率范围内是相对离散的，但在持续时间上则是连续的（图 4.5）。

　　声谱显示程序允许查看特定的时间范围，通常也能指定频率的范围。然而，重要的是要明白，在时间和频率上，信号分辨率之间存在一个基本的数学权衡。对持续时间很短的信号进行放大时，就无法同时获得精细的频率分辨率；然而，对于时间较长的信号来说，尽管可以通过缩小图谱显示，从而获得较高分辨率的频率细节，但是通过这种较长时间显示范围的观察"窗口"，无法了解特定信号发生时间的细节属性。换句话说，声谱图在分离相似频率信号成分的显示选择性和时间的详细程度之间存在一个权衡。这种权衡如图 4.6 所示。

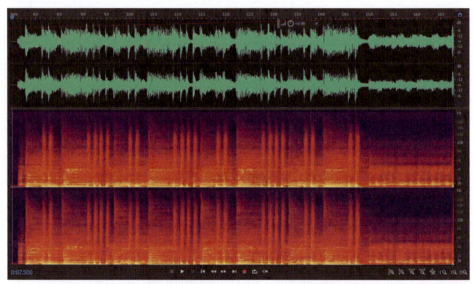

图 4.4　摇滚乐器组合（电吉他、贝斯和鼓）的立体声（2 声道）录音的时域和声谱组合显示。总时长 10s，四个显示面板的时间尺度均相同。下面两个面板（纵轴）的频率范围是 0～20000Hz（对数标度）。上面两个面板（浅绿色调）分别显示了录音信号的左声道（第一行）和右声道（第二行）的时域包络（信号的振幅-时间）；下面两个面板（橙色色调）分别显示了左声道和右声道的声谱图。声谱图在垂直刻度上表示频率（0～20000Hz），在水平刻度上表示时间。声谱能量由声谱图中颜色的亮度来描述；能量较小的在相应的时间和频率上是深色的，而能量较大的在相应的时间和频率上是亮色的。请注意，在声谱图中，重复出现的垂直红条是由鼓声引起的，而位于较低频率位置的水平黄色条纹是由电吉他和贝斯线的谐波引起的

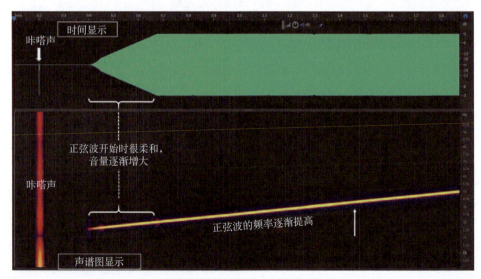

图 4.5　一个"咔嗒声"后接一组频率不断增加的"音调"的声谱图（总时长 2s，频率范围为0～10000Hz，线性标度）

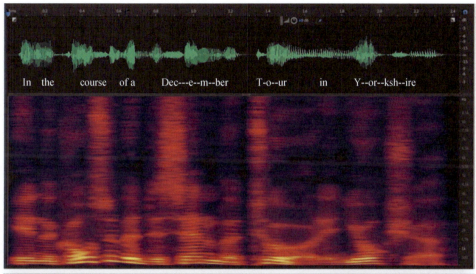

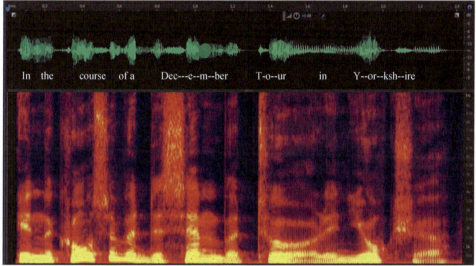

图 4.6　一位男性说话人说同一句话（内容是"12 月在约克郡的一次旅行过程中"）的两种声谱图显示了时间和频率分辨率之间的基本权衡。上图：块（block）长度较长，频率分辨率更好，能够显示谐波分量的细节，但对于声音的攻击和释放信息的描述则比较模糊。下图：块（block）长度较短，时间分辨率更好，能够显示信号变化时的"边缘"信息，但会模糊频率细节。总时长 2.5s，频率范围为 0～10000Hz，线性标度

4.2　开　始　检　验

　　司法鉴定的挑战之一是要避免在解释过程中出现**偏差**（bias）。在录音鉴定中，偏差源于一些无关信息的使用，这些信息通常是与案件、嫌疑人、所处环境和调查人员猜疑等因素相关的非录音信息。比如说，录音鉴定委托人可能想要谈论嫌疑人的逮捕历史，描述在犯罪现场收集的物证，提出"有助于"立案的预期结论，或泄露各个涉案人员的潜在犯罪言论等。虽然这些细节可能很有趣，并且最终对法庭或陪审团有用，但这些陈述也会对录音鉴定过程带来不利影响。这些信息并非源自录音证据，可能会有意识或无意识地影响鉴定人员的工作。

　　如前所述，司法鉴定人员的作用是从科学的角度向法庭介绍录音证据的性质及其可靠性。**鉴定人不是对抗性法律程序中某一方的辩护人，而是仅就提交的录音证据进行作证的专家**。录音鉴定人的证词涉及录音证据的事实、方法和解释。然后，由执法调查人员和律师将各种证据结合起来，以促进他们的办案工作。

　　录音鉴定通常从执法机构或律师的询问开始。委托人可能熟悉也可能不熟悉录音鉴定的程序，因此，准备一份检验清单是很有帮助的。例如：

- 是否存在原始录音？如果没有，可获取的质量最好的录音复制件是什么样的？
- 检材录音是在什么情况下录制的？
- 检材录音的质量如何：较好、一般还是较差？
- 关于检材录音，是否存在任何争议？例如真实性存疑？
- 之前是否做过录音鉴定？如果之前做过，申请再次鉴定的原因是什么？
- 具体的委托鉴定项目是什么？

　　大多数录音鉴定项目都需要特定的专业培训和办案经验。鉴定人不能接受超出其知识水平的鉴定任务。

　　保留有关所有鉴定工作的完整记录和文件是至关重要的。检验记录应该足够详细，以便能够让鉴定人在几个月甚至几年后仍可以回忆起当时的鉴定要求和处理过程。一种良好的做法是，检验记录和相关文件应该详细到让另一位鉴定人也能够阅读，并能据此对检验过程和鉴定意见有很好的认识才行。

　　强烈建议从原始录音开始，如果可能的话，则从原始录制系统开始检验工作，并在开始任何清晰化处理或解释工作之前，创建经过数据校验的录音复制件。或许可以对原始录制系统的特殊设备设置、专有本机数据、时间戳、元数据和其他录制参数等进行检索恢复。如果检材设备有一些特殊的数据线、电源、连接器等附件，也需要委托人一起送检。

某些录音设备可能具有易失性存储器：如果断电（如电池耗尽），记录的信号就会丢失。必须注意确保存储器受到保护，免受潜在断电的影响。

录音鉴定人应当要求委托人使用"写保护"标签和任何其他机械性的覆盖预防设置来保护证据。

依据录音鉴定的标准程序，在正式的实验室委托协议中，应列明鉴定所需的证据内容。提供录音证据的个人或机构都需要按照协议的预期要求提交材料（Scientific Working Group on Digital Evidence，2008）。需要提供的信息可能包括：

● 原始录音，或精确的数字复制件。

● 录音设备，或一份显示完整部件、型号和序列号的清单。用户手册和任何其他描述性材料也应提供。

● 录音设备的所有维护或修复记录。

● 有关录制方法和环境的详细信息，包括地点、背景声级、录音机的电源、所有被录音人的身份、前景和背景声源的详细信息（语音、音乐、广播、无关的对话等）。

● 有关录音过程的所有细节，例如录音机暂停和启动的次数、录音水平的变化、声控录音功能的使用等。

● 之前的鉴定文书、录音内容文字稿、调查人员的记录等任何可用的资料。

收到录音证据/录音设备之后，录音鉴定人员会根据实验室的标准做法（Audio Engineering Society，1996）进行鉴定。这些做法通常包括如下：

● 保持证据的保管链——记录收到鉴定材料的日期和情况，并确保在初检期间，鉴定材料能够得到妥善保管，防止损害或丢失。

● 对数据载体、元数据和其他细节进行观察——使用照片和书面形式对所有送检材料及其包装方式进行记录，包括型号、序列号、格式等。对送检材料中出现的任何裂缝、污迹、划痕或其他损坏情况需要特别注意。

● 以非破坏性方式使用首字母做标记/标识——按照实验室的检验规程，对送检材料进行唯一性标识，以便能与其他证据材料区分开来。有些实验室会使用案件编号和日期进行标识，也有实验室只是使用鉴定人名字的首字母和日期进行标识。在对 CD/DVD 材料和类似的数据载体进行标识时要特别小心，切勿对介质造成损坏。如果标识不安全，或者无法对送检材料进行标识，可以将数据载体放在一个合适的密封容器中，并在容器上进行标识（首字母，日期）。

● 应对经过校验的数字复制件进行检验，除非绝对必要，**切勿直接使用原件**。对于模拟录音证据，需要根据原始模拟录音制作一份高质量的数字录音复制件。这可能需要找到合适的播放设备，设备大小需与磁带匹配，并确保磁带具有足够的完整性，可以在不造成损害的情况下播放。在这种情况下，建议寻求模拟信号专家的帮助。

对于数字录音证据，应直接制作其数字"比特流"复制件并进行数据校验。必须注意的是，复制操作不能改变录音的原始内容。许多电子数据检验实验室会在存储设备和工作站电脑之间使用一个硬件写保护装置。该写保护装置可以拦截任何试图修改存储内容的命令，从而确保录音材料不被修改。

4.2.1　初步听觉检验

录音鉴定的第一步是对经过校验的录音复制件进行听辨。在安静的环境下，将声音的播放水平调至舒适状态，进行初步听辨（initial listening）。如果播放区域没有其他干扰，那么可以使用扬声器放音，这种听辨方式通常令人满意。在整体性听觉初检过程中，标准做法是，对录音材料进行初步记录，记录内容包括对录音质量的任何初步印象以及录音中出现的任何明显缺陷或可听事件等。

在此过程中，很多鉴定人还会选择适当的时间和频率范围对录音的声谱图进行观察。声谱图通常有助于识别信号的细微方面和录音中的任何背景声音，以便进行额外的评估。

在初步听辨和声谱观察后，鉴定人将对委托人提出的鉴定问题进行检验。最低限度的成套分析程序包括**关键性听辨**（critical listening）、**波形分析**（waveform analysis）和**声谱分析**（spectral analysis）。

4.2.2　关键性听辨

顾名思义，**关键性听辨**是对案件录音进行仔细的、集中的听辨。关键性听辨必须在非常安静的环境中进行，不受干扰，而且一般需要使用舒适的高质量耳机进行听辨。如前所述，播放水平要保持适度，以防止听觉疲劳，并避免触发声反射（敏感度降低）。关键性听辨过程应该**反复**进行，也就是说，在听完整段录音后，鉴定人要连续几次"倒带"，对重要的部分进行重新听辨。许多鉴定人选择使用波形显示程序辅助关键性听辨，因为波形软件可以很容易地设置时间标记和其他注释。

关键性听辨的一个重要方面是有意识地将注意力集中在**前景**声音上，例如语音对话，然后在随后的回放中，有意将注意力集中在**背景**声音上，例如周围的环境噪声、远处的谈话和细微的响声。在某些情况下，背景声音可能有助于识别录音的地点和时间；在其他情况下，背景声音的不规则性可能是发现录音经过编辑或修改的线索。

对录音中的一个短循环片段进行反复听辨，这似乎是一种收集获取录音细节的良好做法，但鉴定人对此必须十分小心，以免产生基于循环韵律而非录音证据本身的心理知觉印象。

4.2.3 波形分析

人耳在探测和识别声音方面非常擅长，但在对时间和振幅进行精确测量方面并不那么擅长。波形显示程序可以对录音信号进行视觉描述，利用波形显示有助于对可听事件、时间间隔、信号变化和其他信号属性进行识别。

对鉴定人来说，在初始阶段，通常会对较长时间范围内的波形（可能长达几分钟）进行检验，以获得对信号波形的整体印象。然后，使用的检验策略是，对感兴趣的时间间隔进行连续放大，做好记录并对信号进行初步观察。任何与案件调查相关的信号内容，例如某一特定话语或独特背景声音的出现时间，都需要在此阶段进行特别细致的检验。交替使用听觉和视觉方法对信号特征进行综合检验是一种很好的检验手段。

在放大模式下，鉴定人员应仔细查看录音中是否出现不连续、信号丢失、突然的咔嗒声和类似的波形不规则现象，这些现象可能意味着录音系统存在问题或者有人故意对录音材料进行了删除或更改。

4.2.4 声谱分析

除了时域波形显示之外，观察声谱图有助于识别一些感兴趣的信号特征。通过适当练习，人们可以从声谱图中挑选出重要的信号特征及其变化，然后再返回对与声谱特征相对应的录音信号进行听辨。

认识到声谱图固有的时频权衡（time-frequency trade-off），鉴定人员可以选择在几个不同的频率和时间分辨率设置中进行切换。减小分析块（block）的长度，可以在声谱图中更好地显示声波事件发生的时间；增加分析块的长度，可以得到更高的频率分辨率，但却会降低时间分辨率，使声音事件的开始和结束位置的信号变得模糊，如图 4.7 所示。

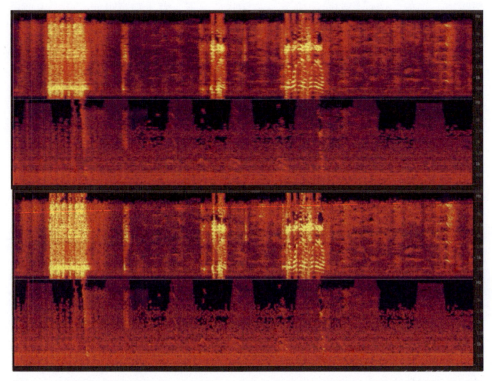

图 4.7　时频分辨率的细微权衡。上两行：一段立体声录音左声道和右声道的声谱图，显示出稍好的频率分辨率。下两行：相同立体声录音的声谱图，显示出稍好的时间分辨率（总时长14s，频率范围 0～4000Hz，线性标度）

　　除了基本的时频权衡选择之外，声谱显示软件另一个常见的用户选项是选择**窗口**（window）功能。窗口功能指的是使用一种振幅**加权**（amplitude weighting），平滑地淡入和淡出用于每个声谱分段的短时录音块，从而避免了因突然开始和停止数据块所导致的一些不良光谱效应。数字信号处理中常用的振幅窗函数都有一些昵称，比如三角窗（triangular）、巴特利特窗（Bartlett）、汉宁窗（Hann）、汉明窗（Hamming）、凯泽窗（Kaiser）、布莱克曼-哈里斯窗（Blackman-Harris）等。如果不使用渐变功能，那么隐式窗口就是所谓的"矩形窗"（rectangular）。

　　虽然振幅窗口能够缓解每个录音块的边界突变，但是窗口也在一定程度上起到了降低声谱分辨率的副作用。振幅窗函数的精确形状对频率分辨率有一些微妙的影响，因此，对不同的窗函数、块长度等参数进行实验设置可能是有用的，有助于在特定调查中对最感兴趣的声谱细节进行可视化检验。

一些显示程序可以同时展示时间波形、声谱图和录音播放，如图 4.4 所示。这使得对信号特性的关键性听辨和视觉检验的系统非常灵活，强烈建议使用这项功能。

如前所述，在听觉/视觉评估过程中，需要做好完整且全面的检验记录。从对证据进行初步观察到后续的几个步骤（如撰写报告和出庭作证）之间常常需要经历几周或几个月的时间。在首次检验中发现的可能看起来很明显的细节特征也需要记录下来，以备将来不时之需，而不是将其简单地记在脑子里。

参 考 文 献

Allen, J. B., & Rabiner, L. R. (1977). A unified approach to short time Fourier analysis and synthesis. *Proceedings of the IEEE, 65*(11), 1558–1564.

Audio Engineering Society. (1996). *AES27-1996: AES recommended practice for forensic purposes – Managing recorded audio materials intended for examination.* New York: AES.

Scientific Working Group on Digital Evidence. (2008). *SWGDE best practices for forensic audio* (Version 1.0).

第 5 章
录音真实性鉴定

在某些情况下,检材录音可能存在**真实性**的问题。与任何实物证据一样,检材录音的真实性也会存在潜在的问题:录音是否完整、未被修改,并与所陈述的录音环境情况相一致?例如,一个人可能声称检材语音对话被编辑过,从而插入或删除了某些关键话语。其他情况可能涉及怀疑检材录音的录制时间、地点、环境与所声称的情况不一致(Audio Engineering Society,2000)。什么是真实性?真实性有保证吗?

录音文件总是很容易被意外修改或故意篡改,而检测这些更改也许是可能的,也许是不可能的。法院必须确信录音证据的真实性和完整性(integrity)。录音鉴定人员必须遵守保管链程序,避免对原始证据进行任何可能的意外改动,而且必须对潜在的改动痕迹进行细致彻底的检验。法院还必须清楚,鉴定人员没有发现具体的篡改证据并不意味着录音就是真实的:可以想象,一个特别熟练的对手可以对一段录音进行编辑篡改,而不被发现。

5.1 历史背景:模拟磁带录音的真实性

直到二十一世纪的第一个十年,录音证据的主要媒介还是模拟磁带。除了少数机械录音系统以外,例如在约翰·肯尼迪总统遇刺时达拉斯警察局使用的口述录音带(dictabelt)系统,磁带作为捕获现场录音的工具基本上是无处不在的。

磁带由一条细薄、柔软的塑料带组成,作为浸渍在黏合剂物质中的一些薄层磁粉材料的基底,均匀地铺展在磁带的一侧。将磁场有意带入磁带附近后,磁场可以将磁带的表面材料磁化,留下明显的磁化痕迹。然后,使用磁性检测器电路就可以测量磁带特定部分的磁化量。

　　磁带被存储在一个卷轴（spool）上，也称为卷盘（reel）。磁带录音机通过电机驱动的绞盘主轴和压送滚轮以固定速率将磁带从供带盘（supply reel）上抽出。磁带通路在三个电磁线圈上滑动：**抹音磁头**（erase head）、**录音磁头**（record head）和**放音磁头**（playback head）（一些比较便宜的磁带录音机只使用两个磁头：抹音磁头和组合的录音/再生磁头）。当录音时，移动的磁带首先经过抹音磁头，使磁带上的磁畴（magnetic domain）随机化；然后继续经过录音磁头中用作可变电磁铁的小线圈。模拟录音信号对通过录音磁头上电磁铁的电流进行调制，使得磁带的磁化产生波动，从而实现对录音信息的表示。然后，磁带传送器对已录制的磁带进行收集，并将其卷绕到一个单独的收带盘（take-up reel）上。

　　为了回放所录制的信息，首先将磁带从收带盘倒回到供带盘上；接下来，再将磁带从供带盘传送到收带盘，但此时抹音磁头和录音磁头均不被激活，而是由放音磁头检测磁带上的磁场并将其重新生成为模拟录音信号。一旦磁带被录制下来，就可以随意地反复播放，只有当磁带在播放机中移动时，才会因机械磨损而逐渐损失。

　　录音磁头电流与磁带磁化之间的关系是非线性的，这会导致失真。为了使这种固有失真最小化，可以在录音信号中加入（混合）一个强大的但人耳听不到的高频（例如 40000Hz）交流**偏置**信号（AC bias signal）。偏置信号使磁带在偏置频率下被强烈磁化，只有少量的剩余磁化才是录音信号成分。由于放音系统仅对可听频率范围内的信号进行重现，因此，这种超声波交流偏置可以使整体行为线性化，而且不会干扰到可听信息。

　　磁带录音机可以有多个平行的磁化头，以便在一盘磁带上创建多个纵向**轨道**（track）。消费类产品的多轨录音通常具有两个音轨，对应于立体声的左声道和右声道。普通的消费类设备，例如小型盒式录音机，也配置了交错轨道：磁带的两个轨道可以录制一对立体声，然后，磁带可以翻转过来，在磁带向相反方向移动时录制第二对左右轨道。几种常见的磁带轨道配置如图 5.1 所示。

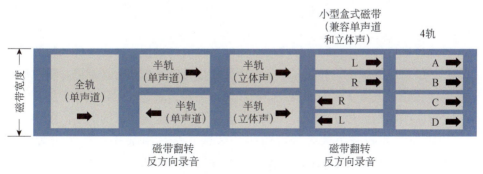

图 5.1　模拟录音磁带的轨道格式示例

5.1.1　物理检查

在录音鉴定中，对模拟磁带录音的真实性进行评估时，需要对磁带本身进行物理处理和检查（Audio Engineering Society，2000）。通过物理剪切，然后再将磁带重新黏连（涉及用胶带将剪切后的磁带两端固定在一起）实现对模拟磁带的改变，这一过程称为**拼接编辑**（splice edit）。

鉴定人员会对盒式磁带外壳、卷轴、整个磁带长度以及任何相关材料进行视觉检验，寻找拼接痕迹、破损外壳或其他能够表明磁带已被改变的物理迹象。鉴定人员还会记录所有的制造序列号和磁带批次名称，确定磁带的年龄是否至少与声称的录音日期一样长。

如果声称用于录制检材磁带的录音机可以获取，那么鉴定人员还会对该设备进行检查和测试。一个合格的录音机检验技术人员能够对轨道配置、磁头校正、方位角设置、偏置水平等方面进行检验。如果送检录音机没有经过校准，可能有必要对放音磁头进行设置，使其与磁带的排列保持一致。

5.1.2　磁性显影

模拟磁带的真实性鉴定通常需要**磁性显影**（magnetic development）来观测记录在磁带上的潜在磁畴。磁性显影使用的是铁磁流体（ferrofluid）。铁磁流体中含有一些微小的磁性颗粒，悬浮在溶剂中，与表面活性剂混合，以帮助颗粒保持分散和悬浮状态。鉴定人员将铁磁流体均匀而少量地涂在磁带上，使悬浮的铁磁颗粒与磁带上记录的不可见的磁畴对齐。当溶剂挥发以后，鉴定人员可以使用显微镜观察黏附在磁带上的磁性颗粒的图案，即人们所称的**比特图案**（Bitter Patterns）。该图案以 Francis Bitter（1902～1967）的名字命名。Bitter 曾是西屋电气公司和麻省理工学院的研究员，他于 1931 年提出了粉末图案法（powder pattern method）。

当录音机启动和停止时，模拟磁带的抹音和录音过程会产生一种独特的磁性图案。当绞盘和卷轴电机开始在录音机中传送磁带时，磁头会被通电，瞬时启动的磁场会在磁带上留下相应的痕迹。同样地，当停止录音时，磁带也会随着抹音和录音磁头的断电而停止转动。图 5.2 中显示了一个磁化模式的例子。图中显示了一段模拟盒式磁带上录音材料的两个区域，这是由录音的停止/开始序列（sequence）引起的。右边的部分是录音过程中的磁化，直到录音机停止，留下未被磁化的（黑色）空隙。然后录音机再次启动，当磁带再次开始移动时，会造成磁纹的轻微偏移。磁纹中的垂直条纹是由前面提到的高频交流偏置造成的（Koenig，1990）。

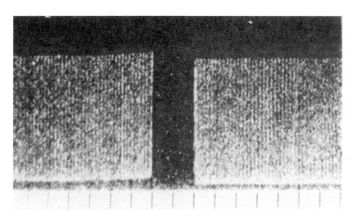

图 5.2　模拟录音带上放大的磁畴"比特图案"示例。照片中间的深色空隙显示了录音停止后又重新开始的位置（引自 Koenig，1990，经许可转载）

录音鉴定人员在磁带上查找抹音和录音磁头独特的磁性签名图案，以及包含录音信息的磁道。如果录音是真实的，鉴定人员希望在录音开始时有一个单一的启动瞬变，然后在录音停止之前没有其他的磁头瞬变。如果观察到任何额外的开始/停止序列或抹音痕迹，都可能表明磁带已经被有意或无意地更改过。对此，鉴定人员需要寻找能够解释录音被编辑或删节的原因。

正如之前在水门事件磁带（the Watergate tape）研究中所指出的那样，调查人员发现了几处重叠的、由一个特定型号录音机产生的抹音痕迹。根据 1972 年 6 月 20 日的磁带上呈现的开始/停止磁性签名特征可以判断（图 5.3），该特定录音机与录制原始录音磁带的录音机不同。近年来，已经开始使用多轨磁带录音机从磁带上的原始磁道格式中读取信息了（Begault et al.，2005）。此外，最近已经开发了几种高分辨率的直接成像方法，可以使用专用设备，而非铁磁流体，来显示录音的磁性图案（Marr and Pappas，2008）。

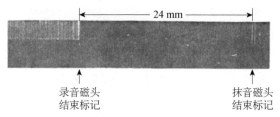

图 5.3　水门事件磁带调查报告中使用的磁性显影实例（引自 Advisory Panel on White House Tapes，1974）

在一些模拟磁带录音的真实性鉴定中，可能会出现对已编辑的磁带进行复制的情况，然后再以"原始录音"的形式呈现。由于只有一个单一的录音开始和停止序列，因此，磁带复制件可能看起来是连续的、真实的录音。在这种情况下，仍然可能存在一些其他的篡改证据，比如下文会提到的不规则的信号特征和空隙特征（gap）等。

5.2　当前背景：数字录音的真实性

数字录音对真实性鉴定提出了许多挑战（Brixen，2007）。数字录音本质上是存储在计算机数字文件中的二进制数字的顺序列表。可以在各种媒介上对数字录音文件进行复制、传输和存储，同时保持完美的保真度。更重要的是，一个数字文件可能会被偷偷调整和编辑，然后存储为一个看似完整且原始的录音文件，通常很难排除这种可能性。如果送检材料只有数字录音文件本身，那么鉴定人员必须使用其他方法来评估录音的完整性。

5.2.1　识别编辑：拼接与混合

伪造的录音可能有一处或多处编辑点。伪造者可以通过删除某些时间段、插入其他录音材料或在伪造的录音中进行混合录音等，对原始录音进行编辑。没有经验的伪造者可能试图通过突然插入或删除的方式对数字录音文件进行编辑，通常将此类剪辑称为**对头拼接**（butt splice）。如果对头拼接发生在录音中几乎无声的地方，那么对头拼接可能基本上是听不见的，但如果拼接发生在音量较大的一个录音片段中，那么就可能会出现明显的听觉效果（audible effect）和不连续性。然而，拼接会导致信号发生变化，因此，即使听觉效果不明显，也可能从波形图和/或声谱图中观察到一些可检测到的信号变化。

比如，以图 5.4 所示的录音为例，上图显示的是时域波形图，下图显示的是声谱图。录音中同时包括一些语音和背景声音。

如果伪造者想用对头拼接的编辑方式来删除这段录音中的某一部分，如图 5.5 中用虚线表示的部分录音，则其编辑结果如图 5.6 所示。

请注意，由于编辑在波形中留下一个突如其来的不连续点，由此产生的波形图和声谱图中会出现"咔嗒声"（click）。在时间维度上，这种编辑效应在声谱图中最常表现为一条垂直线：波形中突然出现的拼接不连续，使所有频率范围内的声谱能量瞬间暴露出来。

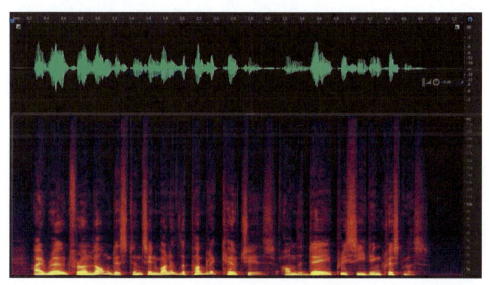

图 5.4　一段包含语音的录音示例。上图为波形图，下图为声谱图（总时长 5.3s，频率范围
0～22000Hz，线性标度）

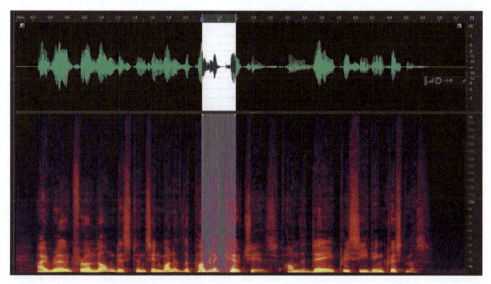

图 5.5　通过对头拼接删除的信号部分（0.4s）（总时长 5.3s，频率范围 0～22000Hz，线性标度）

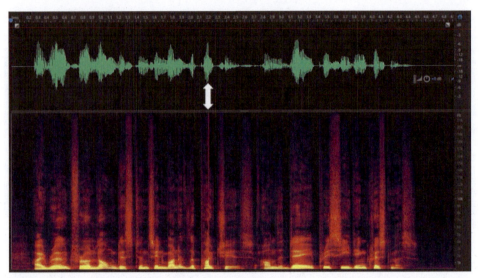

图 5.6　将图 5.5 中突出显示的部分删除后的信号（总时长 4.9s，频率范围 0～22000Hz，线性标度）

对拼接部位进行放大，可以看到由删除引起的波形信号突变，如图 5.7 所示。时域波形的突变导致了声谱图中相应位置点处高频能量的扩散。

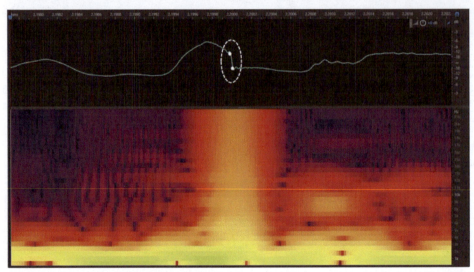

图 5.7　包含对头拼接不连续点的时间间隔放大图示（总时长 4.8ms，频率范围 0～22000Hz，线性标度）

虽然这个例子让人觉得识别潜在的对头拼接编辑是很容易的，但是一个更熟练的伪造者可以通过选择编辑点以尽量减少信号的不连续性，或通过使用短时**淡**

入淡出（cross-fade）而非对头拼接的方法来掩盖编辑。淡入淡出是指将编辑点之前的几个样本与编辑点之后的几个样本重叠在一起，逐渐缩小振幅以混合样本，从而降低在拼接点处出现明显不连续的可能性。

　　执行与图 5.5 所示相同的删除编辑操作，但用 2ms 的淡入淡出操作代替对头拼接，这样就可以掩盖本示例中的波形效果，如图 5.8 和图 5.9（放大图）所示。

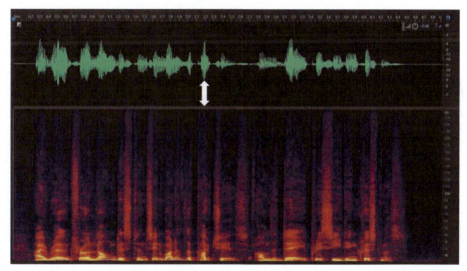

图 5.8　图 5.5 中的编辑区域，但用 2ms 的淡入淡出代替简单的对头拼接（总时长 4.9s，频率范围 0～22000Hz，线性标度）

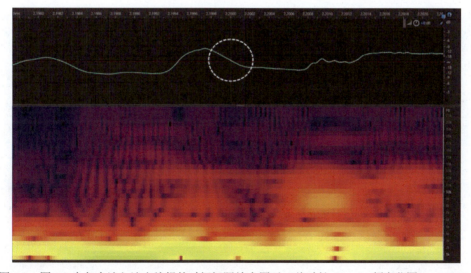

图 5.9　图 5.8 中包含淡入淡出编辑的时间间隔放大图示（总时长 4.8ms，频率范围 0～2200Hz，线性标度）

伪造者还可能试图在现有录音中引入新的录音材料，比如在录音中打开一个缺口插入新录音，或者将伪造的虚假录音添加混入到现有录音中。与对部分录音进行删除处理一样，插入录音部分的两侧边界可以表现为对头拼接形式或者隐藏的淡入淡出形式。如果伪造者的经验丰富且在编辑过程中足够谨慎小心，那么在波形图中可能无法通过视觉检验发现编辑点的位置。

5.2.2　其他真实性观察

在第一阶段的检验中，虽然流畅的编辑可能会降低检材录音被检出修改的可能性，但仍然可能有一些可观察的信号特征会提示录音的真实性存疑。比如，背景声音、混响和录音中存在的其他声学信息等。

在连续录音的检验过程中，鉴定人员可以对声学混响和背景声音水平进行观察，并检测背景特征中是否存在任何无法解释的异常变化，这些异常可能表明检材录音中存在删除或插入的情况。如前所述，录音麦克风不仅可以拾取声源的直达声（如人的说话声），也可以拾取来自地板、墙壁和附近其他表面的声学反射。麦克风还可以拾取录音环境中的任何其他声音，如风声、关门声、机械声和警报声等。

例如，图 5.10 显示了在一个几乎没有混响的房间里录制的一段语音。这种低混响的环境通常被称为"干式"（dry）录音环境。

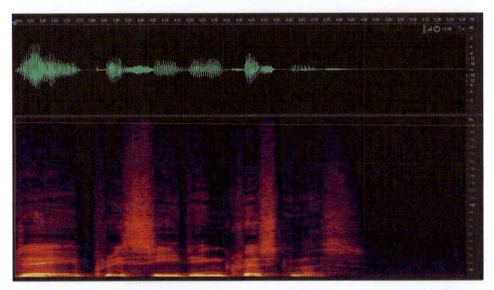

图 5.10　存在少量混响的讲话录音（总时长 1.8s，频率范围 0～22000Hz，线性标度）

在声谱图中可以看出，不同话语内容之间存在特别明显的空隙（较暗的区域），而且可以很明显地看出没有背景噪声和混响现象。图 5.11 显示了一段存在混响的讲话录音。图 5.10 中可见的词与词之间的空隙现在被前面声音的徘徊延续的回声和混响所填充。

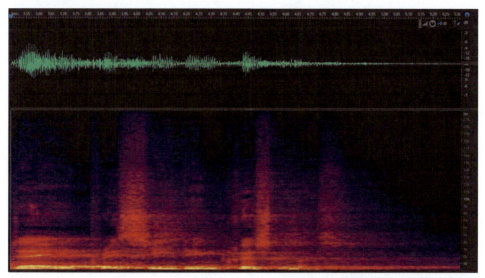

图 5.11　存在强混响的讲话录音（总时长 1.8s，频率范围 0～22000Hz，线性标度）

如果有人试图在诸如图 5.11 所示的混响录音中插入新录音，那么在声谱图检验和关键性听辨中，可以发现伪造位置处的混响模式会出现变化。图 5.12 显示了一个例子，在图 5.11 的录音中插入一小段干语音（dry speech）。从图中可以看出，插入的语音部分在其他已有话语之后缺乏明显的混响尾音（reverb tail），这表明此处可能是一个编辑点。

图 5.13 展示了另一个示例。从声谱图中可以看出，该录音带有明显的背景噪声和两个连续的离散音调（左侧箭头所示的水平线）。在此示例中，有一小段录音和其他部分录音的噪声纹理（noise texture）存在一些细微差别，同时也没有上述两处音调信号[①]。这些观察结果表明可能对录音进行了插入编辑。

5.2.3　电网频率分析

在录音鉴定中，一项有趣的潜在技术涉及录音中可能存在的一种特殊的背景

---

① 译者注：见图 5.13 中间部分的白色括号及箭头所示位置。

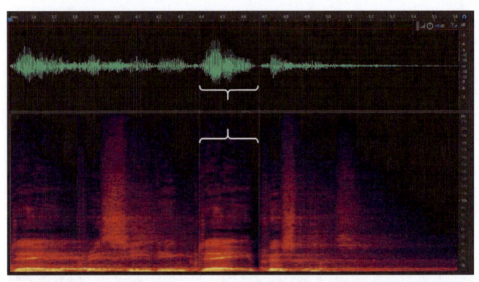

图 5.12 在图 5.11 的混响录音中插入"干式"录音（总时长 2.1s，频率范围 0～22000Hz，线性标度）

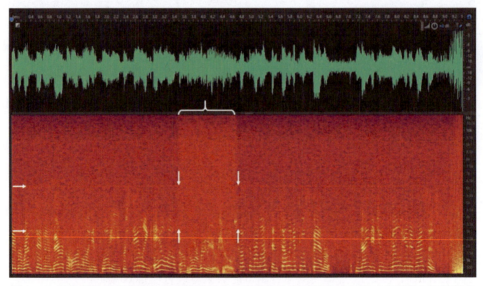

图 5.13 带有明显插入痕迹的噪声讲话录音。注意箭头所示的连续音调（水平线）的间隙和声谱"纹理"的变化（总时长 9.3s，频率范围 0～11000Hz，线性标度）

声音：如电力网络中残留的"嗡嗡声"（hum）。这种"嗡嗡声"通常被认为是不受欢迎的干扰，但利用这种背景声音进行真实性鉴定却具有潜在的可能性。

美国和其他一些国家的电网频率（electrical network frequency，ENF）名义上是 60Hz，而在欧洲和世界其他许多地方，常见的电网频率是 50Hz。当代电力系统在运行过程中要求所有通过电力网络或"电网"协同互连的交流发电机同步运行：在电网中的任何地方，所有 60Hz 的电力波形都保持完全相同的频率和相位。美国的电力网络由三个大电网组成：东部电网、西部电网和得克萨斯州电网。在每个电网内，每个发电机和电源插座的电源频率都是一样的。

电网运行组织必须对电力系统进行控制，使发电量与任何时间点所需的电量完全匹配，从而使得电网频率保持在 60Hz 的额定数值。然而，如果在某一时刻用电量下降，旋转发电机的负荷就会减少，并倾向于转动得更快一些，从而增加电网频率。另外，如果用电需求增加，发电机的负荷变大，则倾向于放慢转速，从而使电网频率降低。电网运行组织必须根据用电需求增减发电量，使其变化控制在大约加减 0.5Hz 的范围内，精确的电网频率在可允许的范围内逐渐地且不可预测地波动。

由于连接到电网的所有发电机都是同步运行的，因此整个电网上所有地方的瞬时电网频率都是相同的。如果一段录音中包括来自电力系统的嗡嗡声，那么嗡嗡声的频率就是电网频率，因此，至少在理论上，应该可以对录制的电网频率波动与已知的电网频率数据库进行比较，以确定录音的日期和时间。

通常情况下，专门设计的录音系统会最大限度地减小交流电输电线的干扰，但是低水平的残余电力信号还可能会出现在录音电路中，并成为录音的一部分。当录音设备使用线路变压器供电时，最有可能发生这种情况，但如果录音设备容易受到附近电线发出的磁场影响，那么即使是使用电池供电的录音设备也有可能会拾取一些残余的线路频率（Brixen，2007，2008；Grigoras，2005，2007）。

除了需要一个参考电网频率数据库以外，进行电网频率分析还需要几个重要的假设和测量。

第一，录音中必须包含一个可检测的嗡嗡声信号，其强度要足够大，以致它的准确频率可以在每秒钟内确定几次。信号的提取过程可能会比较困难，因为 60Hz 的电网频率（及其谐波）分布在常规的录音带宽范围内，所以也可能存在与电网频率的频率范围相同的声学信号。

第二，录音的长度和电网频率记录的相应时长需要足够长，以便能够可靠地将提取的电网频率模式与任何其他时间跨度区分开。

第三，提取的电网频率取决于录音信号的实际采样率（或模拟录音速度），而且录音过程中的任何差异都会引入系统性的频率偏移。

图 5.14 显示了一个从录音中提取电网频率程序的例子（Cooper，2008）。图 5.15 则显示了一个对从录音中获取的电网频率数据与来自电力系统的电网频率参考数据进行比较的例子。

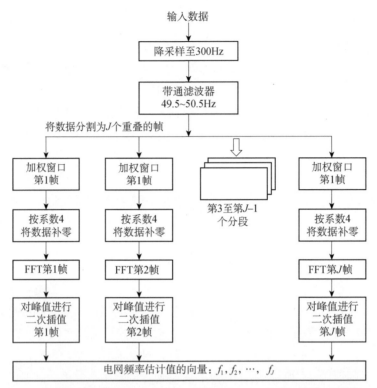

图 5.14　推荐的电网频率处理程序（引自 Cooper，2008，经许可转载）

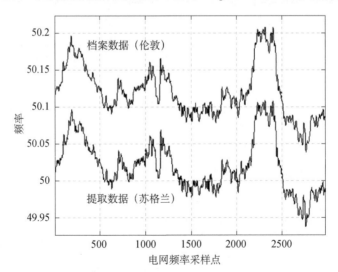

图 5.15　提取的电网频率和数据库之间的自动匹配。显示的总时间约为 70min（每个电网频率采样点用时 1.4s）。为了便于进行视觉比较，使提取到的波形偏移了 0.1Hz（引自（Cooper，2008），经许可转载）

5.2.4　元数据的一致性

当代的数字录音都是以一些标准格式或专有格式的计算机文件来存储的。录音文件格式包括包含数字录音数据的字节，以及关于录音的额外有用信息，将这些信息称为**元数据**（metadata）。录音文件格式中的元数据可能包括采样率、声道数量、录音设备的品牌和型号、录制日期等（Koenig and Lacey，2014）。鉴定人员可以使用一个能够将二进制信息显示为可读字符（通常是十六进制符号）的编辑程序，对元数据进行非破坏性观察。

图 5.16 显示了一个 MP3 录音文件的元数据列表实例。这些信息是通过一个二进制显示程序分析得到的，右侧一栏以文本字符的形式显示了文件内容，而图中主体部分以十六进制（base-16）的形式给出二进制数据值。请注意，在右侧一栏中，有一些可识别的字符串，例如"ID3"，表明录音文件的开头含有来自"id3.org"的标准"标签"（tag）。此录音文件是由品牌为奥林巴斯、型号为 702 的备忘录录音笔于 2018 年 7 月 11 日录制的。请注意，字符串 OLY、mp3、702 和 180711 分别代表奥林巴斯（Olympus）、录音模式、录音笔型号和日期代码。如果制造商提供有关录音设备的技术信息，那么元数据文件头中的其他字节也可能是有意义的。通常这些信息都是专有信息，其具体含义只能根据经验来确定。

当录音设备打开一个文件，执行录音操作，然后保存并关闭文件时，录音设备也会更新元数据。真实录音的元数据会与所声称的录音情形和文件内容相一致。正如上例所示，元数据必须与录音笔的类型和型号、录音日期和录音时长相匹配。

然而，如果将真实的原始录音文件转移到另一台设备或计算机上，在被转移的设备上进行编辑，然后保存为新文件，那么编辑设备或软件包通常会更新元数据中的各种细节信息。例如，使用 Adobe Audition®软件打开图 5.16 中描述的录音文件，然后使用新的文件名将其再次保存，其文件头部的元数据会发生明显改变，如图 5.17 所示。

如果检验发现检材录音的元数据与预期的录音情形不一致，那么这可能意味着检材录音被人以某种方式进行了编辑或修改，可能是伪造的。

如前所述，对于数字录音文件的真实性鉴定而言，困难之一是鉴定人员无法对真实的录音和由经验丰富的熟练造假者编辑的伪造录音进行区分。该警告也适用于元数据检验，因为元数据可以被修改伪造，使其与真实录音元数据的表现形式一致。因此，通常情况下，对于鉴定人员来说，只能对可能表明检材录音不真实的异常特征进行报告，但是如果没有发现异常特征，并不能保证检材录音就是真实的。

	00	01	02	03	04	05	06	07	08	09	0A	0B	0C	0D	0E	0F	0123456789ABCDEF
00 0000:	49	44	33	03	00	00	00	00	0B	76	58	4F	4C	59	00	00	ID3......vXOLY..
00 0010:	05	EC	00	00	03	6D	70	33	02	00	01	00	02	00	00	00	.....mp3........
00 0020:	37	30	32	5F	20	20	20	20	20	20	20	20	20	20	20	20	702_
00 0030:	0F	00	00	00	FE	FF	FF	FF	31	38	30	37	31	31		180711
00 0040:	31	36	30	30	34	39	31	38	30	37	31	31	31	36	31	30	1600491807111610
00 0050:	35	34	30	30	31	30	30	34	FF	07	FF	FF	FF	FF	FF	FF	54001004........
00 0060:	FF	FF	FF	FF	FF	FF	FF	FF	FF	FF	3C	38	09	00	43	FF	..........<8..C.
00 0070:	FF	FF	FF	FF	FF	FF	FF	FF	FF	FF	FF	FF	FF	FF	00	00	....
00 0080:	00	00	00	00	00	00	00	00	00	00	00	00	00	00	00	00	....
00 0090:	00	00	00	00	00	00	00	00	00	00	00	00	00	00	00	00	....
00 00A0:	00	00	00	00	00	00	00	00	00	00	00	00	00	00	00	00	....
00 00B0:	00	00	00	00	00	00	00	00	00	00	00	00	00	00	00	00	....
00 00C0:	00	00	00	00	00	00	00	00	00	00	00	00	00	00	00	00	....
00 00D0:	00	00	00	00	00	00	00	00	00	00	00	00	00	00	00	00	....
00 00E0:	00	00	FF	00	00	00	00	00	00	00	00	00	00	00	00	00	....
00 00F0:	0F	00	00	00	00	00	00	00	00	00	00	00	00	00	00	00	....
00 0100:	00	00	00	00	00	00	00	00	00	00	00	00	00	00	00	00	....
00 0110:	00	00	00	00	00	00	00	00	00	00	00	00	00	00	00	00	....
00 0120:	00	00	00	00	00	00	00	00	00	00	00	00	00	00	00	00	....
00 0130:	00	00	00	00	00	00	00	00	00	00	00	00	00	00	00	00	....
00 0140:	00	00	00	00	00	00	00	00	00	00	00	00	63	00	00	00	............c...
00 0150:	FF	FF	FF	FF	FF	FF	FF	FF	FF	FF	FF	FF	FF	FF	FF	FF	....
00 0160:	FF	FF	FF	FF	FF	FF	FF	FF	FF	FF	FF	FF	FF	FF	FF	FF	....
00 0170:	FF	FF	FF	FF	FF	FF	FF	FF	FF	FF	FF	FF	FF	FF	FF	FF	....
00 0180:	FF	FF	FF	FF	FF	FF	FF	FF	FF	FF	FF	FF	FF	FF	FF	FF	....
00 0190:	FF	FF	FF	FF	FF	FF	FF	FF	FF	FF	FF	FF	FF	FF	FF	FF	....
00 01A0:	FF	FF	FF	FF	FF	FF	FF	FF	FF	FF	FF	FF	FF	FF	FF	FF	....
00 01B0:	FF	FF	FF	FF	FF	FF	FF	FF	FF	FF	FF	FF	FF	FF	FF	FF	....
00 01C0:	FF	FF	FF	FF	FF	FF	FF	FF	FF	FF	FF	FF	FF	FF	FF	FF	....
00 01D0:	FF	FF	FF	FF	FF	FF	FF	FF	FF	FF	FF	FF	FF	FF	FF	FF	....
00 01E0:	FF	FF	FF	FF	FF	FF	FF	FF	FF	FF	FF	FF	FF	FF	FF	FF	....
00 01F0:	FF	FF	FF	FF	FF	FF	FF	FF	FF	FF	FF	FF	FF	FF	FF	FF	....
00 0200:	FF	FF	FF	FF	FF	FF	FF	FF	FF	FF	FF	FF	FF	FF	FF	FF	....
00 0210:	FF	FF	FF	FF	FF	FF	FF	FF	FF	FF	FF	FF	FF	FF	FF	FF	....
00 0220:	FF	FF	FF	FF	FF	FF	FF	FF	FF	FF	FF	FF	FF	FF	FF	FF	....
00 0230:	FF	FF	FF	FF	FF	FF	FF	FF	FF	FF	FF	FF	FF	FF	FF	FF	....
00 0240:	FF	FF	FF	FF	FF	FF	FF	FF	FF	FF	FF	FF	FF	FF	FF	FF	....
00 0250:	FF	FF	FF	FF	FF	FF	FF	FF	FF	FF	FF	FF	FF	FF	FF	FF	....
00 0260:	FF	FF	FF	FF	FF	FF	FF	FF	FF	FF	FF	FF	FF	FF	FF	FF	....
00 0270:	FF	FF	FF	FF	FF	FF	FF	FF	FF	FF	FF	FF	FF	FF	FF	FF	....
00 0280:	FF	FF	FF	FF	FF	FF	FF	FF	FF	FF	FF	FF	FF	FF	FF	FF	....
00 0290:	FF	FF	FF	FF	FF	FF	FF	FF	FF	FF	FF	FF	FF	FF	FF	FF	...............|
00 02A0:	FF	FF	FF	FF	FF	FF	FF	FF	FF	FF	FF	FF	FF	FF	FF	FF	....
00 02B0:	FF	FF	FF	FF	FF	FF	FF	FF	FF	FF	FF	FF	FF	FF	FF	FF	....
00 02C0:	FF	FF	FF	FF	FF	FF	FF	FF	FF	FF	FF	FF	FF	FF	FF	FF	....
00 02D0:	FF	FF	FF	FF	FF	FF	FF	FF	FF	FF	FF	FF	FF	FF	FF	FF	....
00 02E0:	FF	FF	FF	FF	FF	FF	FF	FF	FF	FF	FF	FF	FF	FF	FF	FF	....
00 02F0:	FF	FF	FF	FF	FF	FF	FF	FF	FF	FF	FF	FF	FF	FF	FF	FF	....
00 0300:	FF	FF	FF	FF	FF	FF	FF	FF	FF	FF	FF	FF	FF	FF	FF	FF	....
00 0310:	FF	FF	FF	FF	FF	FF	FF	FF	FF	FF	FF	FF	FF	FF	FF	FF	....
00 0320:	FF	FF	FF	FF	FF	FF	FF	FF	FF	FF	FF	FF	FF	FF	FF	FF	....
00 0330:	FF	FF	FF	FF	FF	FF	FF	FF	FF	FF	FF	FF	FF	FF	FF	FF	....
00 0340:	FF	FF	FF	FF	FF	FF	FF	FF	FF	FF	FF	FF	FF	FF	FF	FF	....
00 0350:	FF	FF	FF	FF	FF	FF	FF	FF	FF	FF	FF	FF	FF	FF	FF	FF	....

图 5.16　数字录音文件中的元数据示例。图中显示为十六进制和文本形式。此文件由品牌为 Olympus、型号为 702 的备忘录录音笔录制，录音时间为 2018 年 7 月 11 日。注意其中的字符串信息："ID3"、"OLY"、"mp3"、"702"和日期代码"180711"

	00 01 02 03	04 05 06 07	08 09 0A 0B	0C 0D 0E 0F	0123456789ABCDEF
00 0000:	49 44 33 03	00 00 00 00	30 01 54 59	45 52 00 00	ID3.....0.TYER..
00 0010:	00 06 00 00	00 32 30 31	38 00 54 44	41 54 00 00	.....2018.TDAT..
00 0020:	00 06 00 00	00 31 32 30	37 00 54 49	4D 45 00 00	.....1207.TIME..
00 0030:	00 06 00 00	00 31 36 34	39 00 50 52	49 56 00 00	.....1649.PRIV..
00 0040:	0F C7 00 00	58 4D 50 00	3C 3F 78 70	61 63 6B 65	...XMP.<?xpacke
00 0050:	74 20 62 65	67 69 6E 3D	22 EF BB BF	22 20 69 64	t begin="..." id
00 0060:	3D 22 57 35	4D 30 4D 70	43 65 68 69	48 7A 72 65	="W5M0MpCehiHzre
00 0070:	53 7A 4E 54	63 7A 6B 63	39 64 22 3F	3E 0A 3C 78	SzNTczkc9d"?>.<x
00 0080:	3A 78 6D 70	6D 65 74 61	20 78 6D 6C	6E 73 3A 78	:xmpmeta xmlns:x
00 0090:	3D 22 61 64	6F 62 65 3A	6E 73 3A 6D	65 74 61 2F	="adobe:ns:meta/
00 00A0:	22 20 78 3A	78 6D 70 74	6B 3D 22 41	64 6F 62 65	" x:xmptk="Adobe
00 00B0:	20 58 4D 50	20 43 6F 72	65 20 35 2E	36 2D 63 31	XMP Core 5.6-c1
00 00C0:	34 34 20 37	39 2E 31 36	32 30 34 35	2C 20 32 30	44 79.162045, 20
00 00D0:	31 38 2F 30	31 2F 32 33	2D 30 36 3A	30 35 3A 35	18/01/23-06:05:5
00 00E0:	32 20 20 20	20 20 20 20	20 22 3E 0A	20 3C 72 64	2 ">. <rd
00 00F0:	66 3A 52 44	46 20 78 6D	6C 6E 73 3A	72 64 66 3D	f:RDF xmlns:rdf=
00 0100:	22 68 74 74	70 3A 2F 2F	77 77 77 2E	77 33 2E 6F	"http://www.w3.o
00 0110:	72 67 2F 31	39 39 39 2F	30 32 2F 32	32 2D 72 64	rg/1999/02/22-rd
00 0120:	66 2D 73 79	6E 74 61 78	2D 6E 73 23	22 3E 0A 20	f-syntax-ns#">.
00 0130:	20 3C 72 64	66 3A 44 65	73 63 72 69	70 74 69 6F	<rdf:Descriptio
00 0140:	6E 20 72 64	66 3A 61 62	6F 75 74 3D	22 22 20 64	n rdf:about="" d
00 0150:	20 20 20 78	6D 6C 6E 73	3A 78 6D 70	44 4D 3D 22	xmlns:xmpDM="
00 0160:	68 74 74 70	3A 2F 2F 6E	73 2E 61 64	6F 62 65 2E	http://ns.adobe.
00 0170:	63 6F 6D 2F	78 6D 70 2F	31 2E 30 2F	44 79 6E 61	com/xmp/1.0/Dyna
00 0180:	6D 69 63 4D	65 64 69 61	2F 22 0A 20	20 20 20 78	micMedia/". x
00 0190:	6D 6C 6E 73	3A 78 6D 70	3D 22 68 74	74 70 3A 2F	mlns:xmp="http:/
00 01A0:	2F 6E 73 2E	61 64 6F 62	65 2E 63 6F	6D 2F 78 61	/ns.adobe.com/xa
00 01B0:	70 2F 31 2E	30 2F 22 0A	20 20 20 20	78 6D 6C 6E	p/1.0/". xmln
00 01C0:	73 3A 78 6D	70 4D 4D 3D	22 68 74 74	70 3A 2F 2F	s:xmpMM="http://
00 01D0:	6E 73 2E 61	64 6F 62 65	2E 63 6F 6D	2F 78 61 70	ns.adobe.com/xap
00 01E0:	2F 31 2E 30	2F 6D 6D 2F	22 0A 20 20	20 20 78 6D	/1.0/mm/". xm
00 01F0:	6C 6E 73 3A	73 74 45 76	74 3D 22 68	74 74 70 3A	lns:stEvt="http:
00 0200:	2F 2F 6E 73	2E 61 64 6F	62 65 2E 63	6F 6D 2F 78	//ns.adobe.com/x
00 0210:	61 70 2F 31	2E 30 2F 73	54 79 70 65	2F 52 65 73	ap/1.0/sType/Res
00 0220:	6F 75 72 63	65 45 76 65	6E 74 23 22	0A 20 20 20	ourceEvent#".
00 0230:	20 78 6D 6C	6E 73 3A 64	63 3D 22 68	74 74 70 3A	xmlns:dc="http:
00 0240:	2F 2F 70 75	72 6C 2E 6F	72 67 2F 64	63 2F 65 6C	//purl.org/dc/el
00 0250:	65 6D 65 6E	74 73 2F 31	2E 31 2F 22	0A 20 20 20	ements/1.1/".
00 0260:	78 6D 70 3A	4D 65 74 61	64 61 74 61	44 61 74 65	xmp:MetadataDate
00 0270:	3D 22 32 30	31 38 2D 30	37 2D 31 32	54 31 36 3A	="2018-07-12T16:
00 0280:	34 39 3A 33	33 2D 30 36	3A 30 30 22	0A 20 20 20	49:33-06:00"
00 0290:	78 6D 70 3A	43 72 65 61	74 6F 72 54	6F 6F 6C 3D	xmp:CreatorTool=
00 02A0:	22 41 64 6F	62 65 20 41	75 64 69 74	69 6F 6E 20	"Adobe Audition
00 02B0:	43 43 20 32	30 31 38 2E	31 20 28 57	69 6E 64 6F	CC 2018.1 (Windo
00 02C0:	77 73 29 22	0A 20 20 20	78 6D 70 3A	43 72 65 61	ws)". xmp:Crea
00 02D0:	74 65 44 61	74 65 3D 22	32 30 31 38	2D 30 37 2D	teDate="2018-07-
00 02E0:	31 32 54 31	36 3A 34 39	3A 33 33 2D	30 36 3A 30	12T16:49:33-06:0
00 02F0:	30 22 0A 20	20 20 78 6D	70 3A 4D 6F	64 69 66 79	0". xmp:Modify
00 0300:	44 61 74 65	3D 22 32 30	31 38 2D 30	37 2D 31 32	Date="2018-07-12
00 0310:	54 31 36 3A	34 39 3A 33	33 2D 30 36	3A 30 30 22	T16:49:33-06:00"
00 0320:	0A 20 20 20	78 6D 70 4D	4D 3A 49 6E	73 74 61 6E	. xmpMM:Instan
00 0330:	63 65 49 44	3D 22 78 6D	70 2E 69 69	64 3A 35 61	ceID="xmp.iid:5a
00 0340:	31 62 39 30	32 36 2D 62	65 31 37 2D	32 39 34 66	1b9026-be17-294f
00 0350:	2D 39 31 61	36 2D 37 61	39 34 64 36	34 30 38 38	-91a6-7a94d64088

图 5.17　针对图 5.16 中录音文件的元数据，使用不同的软件包打开并保存录音文件，从而使其元数据发生改变

参 考 文 献

Advisory Panel on White House Tapes. (1974). *The executive office building tape of June 20, 1972: Report on a technical investigation*. Washington, D.C.: United States District Court for the District of Columbia.

Audio Engineering Society. (2000). *AES43-2000: AES standard for forensic purposes – Criteria for the authentication of analog audio tape recordings*. New York: AES.

Brixen, E. B. (2007). Techniques for the authentication of digital audio recordings. In *Proceedings Audio Engineering Society 122nd Convention, Vienna, Austria, Convention paper 7014*.

Brixen, E. B. (2008). ENF–Quantification of the magnetic field. In *Proceedings Audio Engineering Society 33rd Conference, Audio Forensics—Theory and Practice, Denver, CO* (pp. 1–6).

Begault, D. R., Brustad, B. M., & Stanley, A. M. (2005) Tape analysis and authentication using multi-track recorders. In *Proceedings Audio Engineering Society 26th Conference, Audio Forensics in the Digital Age, Denver, CO* (pp. 115–121).

Cooper, A. J. (2008). The electric network frequency (ENF) as an aid to authenticating forensic digital audio recordings – An automated approach. In *Proceedings Audio Engineering Society 33rd Conference, Audio Forensics—Theory and Practice, Denver, CO* (pp. 1–10).

Grigoras, C. (2005). Digital audio recording analysis: The electric network frequency (ENF) criterion. *International Journal of Speech, Language and the Law, 12*(1), 63–76.

Grigoras, C. (2007). Application of ENF analysis method in authentication of digital audio and video recordings, In *Proceedings Audio Engineering Society 123rd Convention, New York, NY, Convention paper 1273*.

Koenig, B. E. (1990). Authentication of forensic audio recordings. *Journal of the Audio Engineering Society, 38*(1/2), 3–33.

Koenig, B. E., & Lacey, D. S. (2014). Forensic authenticity analyses of the metadata in re-encoded WAV files. In *Proceedings of the Audio Engineering Society 54th International Conference: Audio Forensics, London, U.K.*

Marr, K., & Pappas, D. P. (2008). Magneto-resistive field mapping of analog audio tapes for forensics imaging. In *Proceedings of the Audio Engineering Society 33rd Conference, Audio Forensics Theory and Practice, Denver, CO* (pp. 1–7).

第 6 章
录音清晰化处理

在一些涉及执法和司法鉴定的流行电视节目和电影中，有时会包括录音处理的情节：一段糟糕的带有沙沙杂音且遭到破坏的录音可以被神奇地转化为原始声音，并据此成功找到犯罪分子。还可能有一些其他的情节，比如鉴定人员可以从一张模糊的手持快照中处理出一张完美的车牌图像。这些关于清晰化处理的虚构情节主要是为了达到娱乐目的。在现实世界中，充满噪声的录音证据很少能够为类似神奇的完美处理提供基础，但确实有一些录音清晰化的重要方法可以有效提高处理效果。

对于录音鉴定人来说，最常见的录音清晰化任务之一是提高那些使用隐藏麦克风录制的低质量监控录音中对话的可懂度。检材录音常常是在非理想环境下录制的，因此，录音中经常含有噪声、削波、失真、干扰声和其他缺陷，这些缺陷会影响语音的质量和可懂度，还会妨碍对背景声音和其他细微差别的分析。由于录音过程往往带有一定的隐蔽性，麦克风摆放位置不佳，从而导致录音带有较强的混响和干扰噪声（如麦克风和衣服的摩擦声）。

一般情况下，录音清晰化是在离线状态下对经过校验的检材录音的数字复制件进行的，不对原始检材录音进行处理。录音清晰化需经反复迭代处理完成，这样鉴定人员就可以对多个处理结果进行听辨，并做出系统性的、逐步的调整。

6.1　清晰化评估

在**初步听觉评估**和**关键性听辨**阶段，鉴定人会对检材录音的质量和语音的可懂度形成初步印象。在接受委托人的委托要求时，对检材录音的初步印象是很重要的，这样大家就会有一致的期望和目标。

对检材录音中噪声和干扰的一般特性的观察分析是关键之一。在某些案件中，干扰声音是稳定的，比如连续的呜呜声（whine）、嗡嗡声（hum）、隆隆声（rumble）或嘶嘶声（hiss）。在这种情况下，将干扰声音称为**稳态噪声**（stationary noise）。当稳态噪声的频率范围与目标信号的频率范围不同时，例如，对一段讲话录音来说，如果在其100Hz以下的频率范围内有稳定的隆隆声，那么就有可能使用一个固定滤波器进行滤波；此时，还可以使用一个带通滤波器，让250～4000Hz（大致相当于预期的语音带宽）的信号通过，同时让低频噪声衰减。如果稳态噪声与目标信号的频率范围相同，那么使用简单的分离滤波器就行不通了，但仍有可能应用均衡技术来提高有用信号的可听度/可懂度。

在其他一些案件中，噪声和干扰可能是随时间变化的脉冲咔嗒声（impulsive click）、撞击声（rattle）或与麦克风有关的声音，比如风的湍流声或麦克风与纺织物的摩擦声。通常来说，与稳态噪声声源相比，处理这些**非稳态噪声**（non-stationary noise）的声源会更加复杂，而且往往对此类噪声的抑制也并不十分有效。

在部分涉及录音的案件调查中，目标信息可能不是相对响亮的**前景**声音，而是在录音过程中出现的安静且微妙的**背景**声音。比如说，在案件调查中，可能需要确定在一句特定话语之前的多个事件的序列问题，如脚步声、门的吱吱作响声或从远处传来的柔和声音等。在这种情况下，要在抑制高阶前景声音的同时，努力增强背景声音，而不是对背景"噪声"进行抑制。

检材录音中常常同时包含语音和稳态噪声。为了法庭展示或便于速记员准备书面文字记录，委托要求可能是要提高录音的可懂度。如果噪声和语音信号所占用的带宽相同，那么听音人可能实际上已经习惯了稳态噪声，并能够从录音中分辨出技术上低于**本底噪声**（noise floor）的部分语音。在这种情况下，对播放水平进行上下微调，或许有助于确定一个播放设置，从而使语音的可懂度得到最佳输出。

6.2　语音：质量与可懂度

自19世纪70年代电话发明以来，通信系统的工程师们一直在研究语音可懂度的问题。可懂度涉及多个维度，它取决于信号电平、带宽和信噪比等多个因素。

下面举一个基础示例。请注意下面的一组单音节押韵词：

　　mat（垫子）、hat（帽子）、sat（坐）、fat（肥胖）、bat（蝙蝠）、cat（猫）、pat（轻拍）、rat（老鼠）和 vat（大桶）

　　这些词的意思完全不同，但从发音上说，主要是词首辅音存在差异。图 6.1 显示了这些词的宽带声谱图。

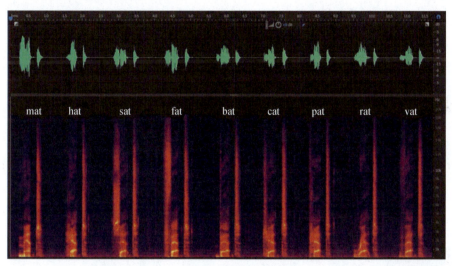

　　图 6.1　一组押韵词的波形图和声谱图，采样率 48000Hz（总时长 11.5s，频率范围 0～22000Hz，线性标度）

　　如果这些词是在有背景噪声的情况下录制的，那么听音人可能很难区分"cat"与"pat"或者"mat"与"vat"。听音人常常可以利用上下文和语义来猜测带噪声的单词。比如，在"__##__追老鼠"这句话中，空白处更有可能由"cat"而不是"bat"来完成，而在"孩子五颜六色的__##__使她在人群中容易被识别出来"这句话中，空白处更有可能是"hat"而不是"bat"。这也是在可懂度方面，句子优于单词的原因之一（参考第 2 章图 2.18）。

　　当有噪声存在时，图 6.1 中的信号就会变得不那么明显了，如图 6.2 所示。

　　如果录音中含有噪声，同时信号范围被限制在典型的电话语音带宽（400～3400Hz）的范围内，那么信号表现可能就更不明显了。图 6.3 显示了一个有噪声且带宽受限的例子。

　　需要注意的一个重要因素是，听音人对录音**质量**的评估通常与**可懂度**不同：有些时候，被判断为质量好的录音可能比质量差的录音的可懂度更低（见 2.5.4 节）。之所以产生这个看似矛盾的结果，是因为在某些情况下，一段吱吱啦啦的含噪录音中同时保留了一些语音特征，如摩擦音和细微的浊音，如果对录音进行

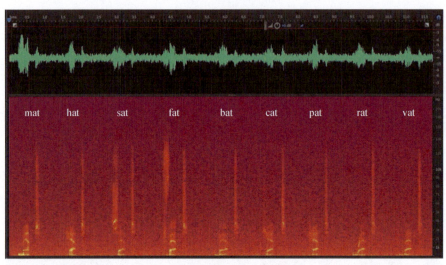

图 6.2　带加性噪声（additive noise）的押韵词的波形图和声谱图，采样率 48000Hz（总时长
11.5s，频率范围 0～22000Hz，线性标度）

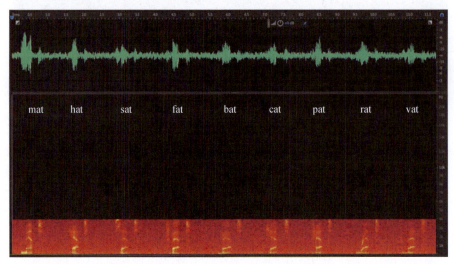

图 6.3　带有噪声和频带限制的押韵词的波形图和声谱图。采样率 8000Hz，带宽 4000Hz（总
时长 11.5s，频率范围 0～22000Hz，线性标度）

滤波或其他平滑处理，那么这些语音特征就会消失。从感知质量的角度来看，听
音人可能更喜欢滤波后的录音，但对语音进行理解测试后就会发现，含噪录音的
表现可能更好。

因此，在尝试对带有噪声的语音进行内容听辨记录时，鉴定人或个人可能需
要尝试几种不同的信号处理方案，以获得最大的可懂度。

6.3 录音清晰化处理技术

不幸的是，在提高带噪声的检材录音的质量和/或可懂度方面，并没有完美的方法。然而，在许多涉及录音鉴定的案件中，特别是需要将录音呈现给一些听音新手（如陪审团）时，需要鉴定人员使用滤波、增益压缩与扩展、去除咔嗒声和间隙以及其他技术来解决录音材料中的可听性缺陷。

6.3.1 滤波和均衡

如果录音的部分片段中含有隆隆声、嗡嗡声或可听音调声，而且这些噪声与目标语音或其他相关信号的频率范围不重叠，那么可以尝试使用一个合适的频率滤波器降低频带范围之外的噪声，这种处理方法往往具有一定的作用。使用具备滤波功能的波形编辑软件就可以实现上述操作。

滤波（filtering）是指通过信号处理有选择地强调或减弱录音中某些频率范围内的信号。滤波可以通过模拟电路或数字计算来完成。滤波是一种**线性操作**，也就是说，滤波的执行是被动的，并不需要具备有关输入信号特性的任何先验知识。滤波器由多个参数来指定，包括滤波器的带宽、选择性、增益或声谱"形状"等。

图 6.4 描述了一个**衰减**低频同时**通过**高频的滤波器。由于这种滤波器允许高频率通过，因此被称为**高通滤波器**（highpass filter）。图 6.5 显示了一个**低通滤波器**（lowpass filter）、**带通滤波器**（bandpass filter）和**带阻**（bandstop）或**陷波滤波器**（notch filter）的例子。一般将被衰减的频率范围称为**阻带**（stopband），而将通过滤波器的频率范围称为**通带**（passband）。

滤波器的**选择性**是指，在通带和阻带之间的范围内，滤波器的增益随频率变化的突然程度。

均衡（equalization）也是一种滤波，但这个术语通常意味着滤波器的增益在目标通带中以一种审慎的方式变化。对于均衡技术而言，大家更熟悉的形式可能是立体声系统的"音调"控制，或者给每个窄带频率都分配有旋钮或滑块的"图形均衡器"（graphic equalizer）。

对于带有噪声的语音，常用的初始处理方法是应用**带通滤波器**，让含有语音的频率通过，同时衰减信号中频率范围低于或高于语音带宽的内容部分。一个允

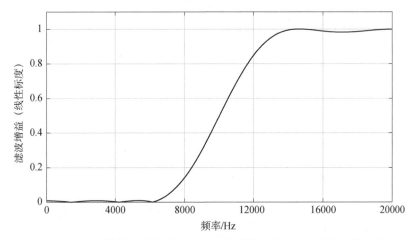

图 6.4　高通滤波器的频谱特性示例。低频被衰减，而高频通过滤波器

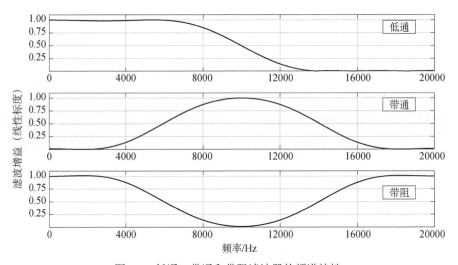

图 6.5　低通、带通和带阻滤波器的频谱特性

许 200～4000Hz 信号通过的带通滤波器可以传递合理的可懂度所需的大部分语音能量，同时还可以降低低频隆隆声和嘶嘶声的水平。在语音带宽的上边缘，比如 1～4000Hz 的频率范围内，应用**均衡**技术对信号进行略微提高，通常可以帮助强调包含辅音的频谱成分，可能有助于可懂度的提高（Weiss et al.，1974；Weiss and Aschkenasy，1981；Moorer and Berger，1986；Owen，1988）。

　　一些嘶嘶声和泛音的频率与电力系统频率（如北美地区的 60Hz 频率及其泛音，欧洲的 50Hz 频率及其泛音）大致相当。如果检材语音或其他涉案信号含有上述噪声，那么可以使用一组应用于电网谐波频率上的陷波滤波器，或许可以从一定程度上改善处理效果。嘶嘶声和泛音的频率可能与目标语音的通带重叠，因此必须注意的是，要在减小电力线噪声与防止目标语音信号的潜在退化之间保持平衡。对于电力系统频率之外的音调噪声（tonal noise），如通风机、水泵或其他机械系统的鸣鸣声，也可以尝试进行陷波滤波。

　　图 6.6 显示了在 60Hz 电力线干扰下的信号声谱图。在图中可以看出，前几个电源谐波是存在的（60Hz、120Hz、180Hz 和 240Hz）。图 6.7 显示了经过语音带宽滤波器（200～4000Hz）和频率为 60Hz、120Hz、180Hz、240Hz 的陷波滤波器滤波后的信号。尽管仍然有一些噪声，但经滤波后，声谱图和信号中的电力线噪声就不太明显了。

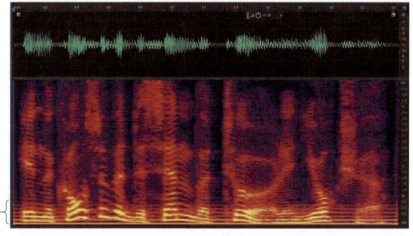

图 6.6　有 60Hz 电力线"嗡嗡声"干扰的讲话录音（总时长 2.4s，频率范围 0～4800Hz，线性标度）

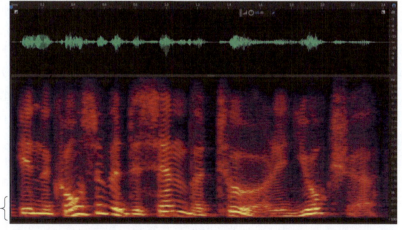

图 6.7　使用 200～4000Hz 带宽和 60Hz 谐波陷波滤波器滤波后的讲话录音（总时长 2.4s，频率范围 0～4800Hz，线性标度）

6.3.2　增益压缩和扩展

虽然滤波和均衡主要作用于录音的频域内容，但是还有其他一些方法可以用于调整时域的信号电平。例如，对于许多检材录音来说，其中的一个挑战是，录音中存在音量非常大和非常小的段落，比如一个说话人距离麦克风非常近，而另一个说话人离麦克风有一段距离，或者一个说话人转头或远离麦克风等情况。有时候，在讲话录音的不同话语之间会出现几秒钟的背景噪声，这些噪声只是会分散听音人的注意力。

一些用于紧急呼叫中心、移动电话、个人录音机和监控系统的录音系统可能都包括自动增益控制（automatic gain control，AGC）的功能。该功能可以对声音的短时电平进行检测并自动调整麦克风增益，从而使声音的响度保持相对稳定。这个过程称为**动态范围压缩**（dynamic range compression），因为它试图减少电平随时间的波动，同时对其变化性进行压缩（Orfanidis，1996）（图6.8）。

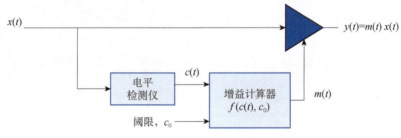

图 6.8　自动增益控制系统的概念图

图6.9展示了自动增益控制的作用。在此示例中，增益计算器将信号的包络电平与一个阈值进行比较，并将较安静段落的电平提高到相对较响亮的段落。

动态范围压缩器（dynamic range compressor）的行为通常可以用输出与输入电平的关系图来描述，如图6.10所示。从图中可以看出，当短时输入电平增加到 c_0 时，输出电平的提升量也在增加。当输入电平增加到 c_0 以上时，输出电平的提升量就会减少。其结果是，当输入电平超过 c_0 时，输出电平会保持在接近最大值的水平。

带有自动增益控制的系统还可能包含一个**动态范围扩展器**（dynamic range expander），通常称为**噪声门**（noise gate）或**静噪**（squelch）功能。噪声门设有一个阈值。在阈值以下时，增益计算器系统会自动降低甚至关闭输入增益；其假设是，如果没有明显的信号，唯一的声音一定是不相关的背景噪声，因此，可以将音量调低：将门"关闭"，以阻止录下噪声。随后，当麦克风再次检测到更大声的信号时，噪声门会自动"打开"，让信号通过；其假设是，更大声的信号是期望得到的目标语音。图 6.11 显示了增益扩展器的输出电平与输入电平的关系，图 6.12 则显示了一个录音信号的例子。

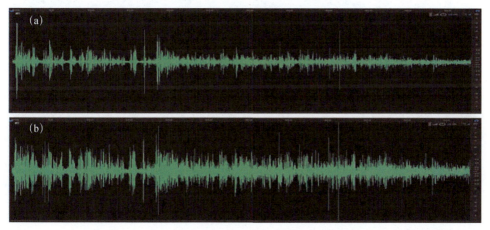

图 6.9 （a）原始信号和（b）设置自动增益控制并经增益压缩的信号。增益压缩器放大了安静段落的信号，同时降低了峰值电平（总时长 60s）

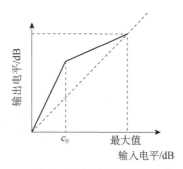

图 6.10 增益压缩的输出与输入特性示例

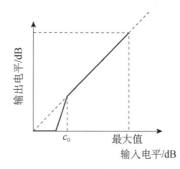

图 6.11 增益扩展器的输出电平与输入电平的关系

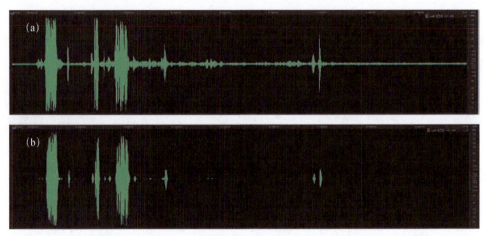

图 6.12　（a）原始信号和（b）设置自动增益控制并经增益扩展的信号（总时长 55s）

　　通过仔细控制增益控制放大器的攻击和释放时间，使基本的时域噪声门更加灵活，对两个或多个频段应用单独的噪声门，并自动改变噪声门的阈值以跟踪随时间而不断变化的背景噪声水平。

　　尽管由带有自动增益控制的系统录制的检材录音可能非常有用，可以据此得出很多结论，但我们可能有理由对此保持谨慎态度。比如说，录音中不同声音的相对响度可以为确定不同声源的位置或录音中发生的运动提供线索，但如果自动增益控制处于激活状态时，这些线索可能会被改变。同样，有或者没有某些能说明问题的背景声音，或许可以为案件调查提供有用的信息，但作为电平调整的副作用，录音机的自动增益控制系统可能会抑制或增强这些背景声音。

　　此外，自动增益控制系统也并不完美，可以被背景噪声所欺骗。实际上，自动增益控制有可能会在不同话语之间的安静段落中提高可听噪声的水平，而且随着增益的变化，背景噪声的水平会随之提高或减小，由此可能会出现录音工程师所说的可以听到的"抽吸"（pumping）假象。

　　无论录音系统是否具有自动增益控制功能，在使用动态范围处理效果或录音波形编辑器的插件对检材录音进行清晰化处理的过程中，都可以应用同样的原理。软件动态范围处理器可以计算确定短时信号的水平，并根据期望配置对信号进行提升或衰减。这可以协助激发出录音中的低电平声音，同时不会过度压制较大音量的声音，但是这一过程也可能会无意引入有害的副作用，比如提升了信号中的噪声部分。尽管如此，与录音过程中的实时处理器不同，软件动态范围处理效果可以逐步进行，反复使用，并能在不同设置下调整实验。在某些情况下，可以针对录音中的某些段落进行专门的设置和调整，然后对其他部分使用不同的设置，这样做是合适的。

图 6.13 显示了一个讲话录音的例子。该录音中的几句话是几个不同的人在一个房间的不同位置处发出的。该案例中背景噪声水平明显可见，录音过程中没有任何自动增益控制。噪声水平的波动使得对话有点难以理解，特别是在向审查小组或陪审团展示录音时。

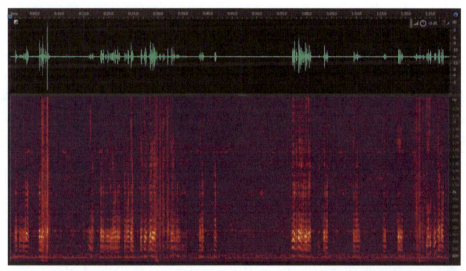

图 6.13　包含不同人不同声级话语的检材录音（总时长 90s，频率范围 0～2400Hz，线性标度）

调整增益压缩曲线，使中低频段的电平得到提升，处理后的录音如图 6.14 所示。

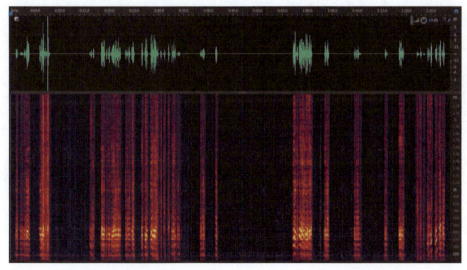

图 6.14　经增益压缩/扩展处理的录音实例（总时长 90s，频率范围 0～2400Hz，线性标度）

　　动态范围压缩器的作用可以扩展到更复杂的增强结构,包括**多频带压缩/扩展**(multiband compression/expansion)。多频带系统可以将信号带宽分成几个重叠的子频带,然后对每个子频带应用单独的压缩器。这种技术在涉及混响的情况下可能很有用,它允许动态性在可能存在的各种共振中变化。

6.3.3　其他重要技术

　　通常情况下,商业录音鉴定软件包都会包括一些基本的降噪设置,包括上述提到的带通滤波器和消除干扰的陷波滤波器,以及一些专门的、通常是专有的算法(Lim and Oppenheim,1979;McAulay and Malpass,1980;Godsill et al.,1998;Koenig et al.,2007)。两种常见的算法是**咔嗒声/爆音消除法**(click/pop reduction)和**谱减法**(spectral subtraction)。

　　录音中的咔嗒声和爆音是一种脉冲干扰,有时也被称为"静电干扰"(static),是由电波或无线电频率干扰引起的。部分咔嗒声和爆音也可能是由于连接松动或接触点遭腐蚀造成的。

　　如果只有几个令人厌烦的咔嗒声,通常可以通过手动编辑来减少干扰噪声,如图 6.15(a)和图 6.15(b)所示。然而,如果录音很长且咔嗒声很多,手动处理可能并不现实。

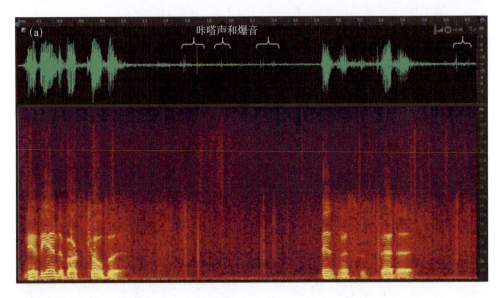

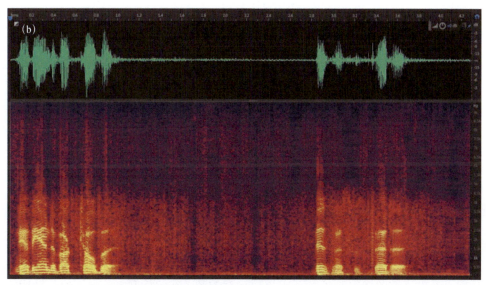

图 6.15　（a）带有干扰性咔嗒声和爆音的录音和（b）通过人工编辑去除咔嗒声/爆音后的信号（总时长 4.3s，频率范围 0～10000Hz，线性标度）

　　录音鉴定软件包和一些录音大师软件（audio mastering software）都包括检测和移除咔嗒声的算法。咔嗒声检测的原理是，使用一个短时窗口对录音中的连续片段进行检验，以寻找信号突变点，这些突变信号可能就是典型的咔嗒声。在处理软件中，可以对窗口长度和信号变化水平进行选择设置，当超过设置水平时就可以怀疑有咔嗒声。然后，针对检测到的咔嗒声，可以进行进一步的处理，如减小增益，使咔嗒声听起来不那么明显。图 6.16 中显示了一个使用移除咔嗒声算法的例子。

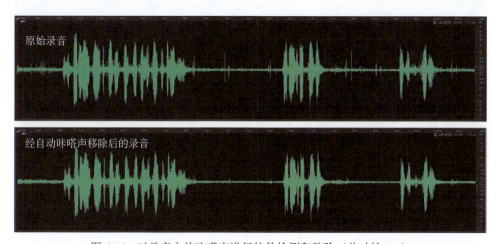

图 6.16　对录音中的咔嗒声进行软件检测和移除（总时长 11s）

重要的是要认识到，咔嗒声检测是根据时间信号的具体特征来操作的，而这些特征也可能是由原始录音中自然出现的声音造成的。在进行咔嗒声移除处理之前和之后，都应该进行关键性听辨，以确保处理过程不会造成信号特征的明显退化（Tsoukalas et al.，1997）。

当背景噪声主要是稳态噪声时，可以尝试用**谱减法**来改善信号质量（Boll，1979）。有很多技术都属于谱减法的范畴，但其基本思想都是选择一小段没有前景信号（如语音）的录音，测量此录音片段的背景噪声特征；然后，假设噪声统计是相对稳定的，针对录音中只有噪声的部分进行噪声建模，提取噪声频谱；然后，从输入信号的连续短块（short-term block）中减去该噪声频谱。在这种情况下，将"减法"（subtraction）一词描述为"降低"（reduction）可能更合适，因为该技术涉及的是特定频率范围内的声谱水平，而不是随机噪声波形本身。

图 6.17 中显示了一个带噪声录音的例子。使用谱减法进行降噪处理，降噪后输出录音的声谱图如图 6.18 所示。需要注意的是，在此特例中，由于部分目标信号的声谱成分低于噪声阈值，所以在谱减降噪的过程中，还会在无意中去除部分目标信号的成分。尽管如此，如果特定频段的噪声水平不是太高，那么谱减法仍然可以提高总体信噪比。

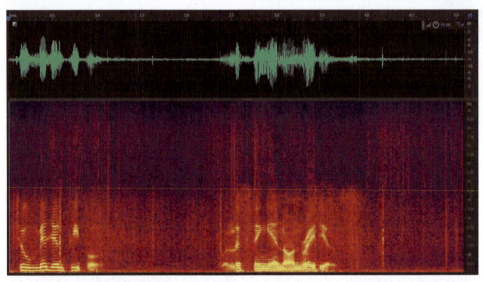

图 6.17　带噪声的录音信号示例（总时长 5s，频率范围 0～10000Hz，线性标度）

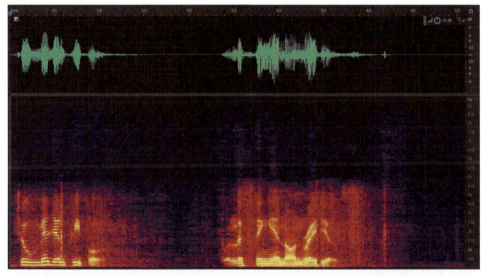

图 6.18　经谱减法处理后的噪声信号（总时长 5s，频率范围 0～10000Hz，线性标度）

不幸的是，谱减法有时会造成令人讨厌的录音失真。当实际的噪声水平和噪声行为与估计的噪声频谱不同时，听觉问题就特别明显了。如果实际噪声与模型之间不匹配，那就意味着噪声并没有被完全去除，在模型阈值附近会残留一些噪声，这些残余噪声常表现为音调哨声（tonal whistling）或叮当声（tinkling sound），按照非正式的说法，还可以将其称为“音乐噪声”（musical noise）或“尖叫噪声”（birdie noise）（Cappé，1994）。

在常见的清晰化处理实践中，当应用谱减法时，还需要经常更新噪声水平，因为噪声频谱和目标信号的频谱都会不时地波动（Boll，1979）。如果目标信号的某些频谱成分在某一瞬间低于噪声阈值，但在后来的某一瞬间达到峰值，正好高于噪声阈值，那么那些突变的频谱成分可能会带来令人心烦意乱的咔嗒声、爆音或音调残余。

因此，很多具备谱减法功能的商业软件还会提供各种策略以减少上述缺点。这些策略通常包括对噪声水平估计的监控和自动更新，如果目标信号很强就减少处理，在每个频带中加入一定程度的滞后阈值（threshold hysteresis），以减少残余音乐噪声的出现（Maher，2005；Musialik and Hatje，2005）。

参 考 文 献

Boll, S. (1979). Suppression of acoustic noise in speech using spectral subtraction. *IEEE Transactions on Acoustics, Speech, and Signal Processing, 29*, 113–120.

Cappé, O. (1994). Elimination of the musical noise phenomenon with the Ephraim and Malah noise suppressor. *IEEE Transactions on Speech and Audio Processing, 2*(2), 345–349.

Godsill, S., Rayner, S. P., & Cappé, O. (1998). Digital audio restoration. In M. Kahrs & K. Brandenburg (Eds.), *Applications of digital signal processing to audio and acoustics*. Dordrecht, The Netherlands: Kluwer Academic Publishers.

Koenig, B. E., Lacey, D. S., & Killion, S. A. (2007). Forensic enhancement of digital audio recordings. *Journal of the Audio Engineering Society, 55*(5), 252–371.

Lim, J. S., & Oppenheim, A. V. (1979). Enhancement and bandwidth compression of noisy speech. *Proceedings of the IEEE, 67*(12), 1586–1604.

Maher, R. C. (2005). Audio enhancement using nonlinear time-frequency filtering. In *Proceedings of Audio Engineering Society 26th Conference, Audio Forensics in the Digital Age, Denver, CO* (pp. 104–112).

McAulay, R., & Malpass, M. (1980). Speech enhancement using a soft-decision noise suppression filter. *IEEE Transactions on Acoustics, Speech, and Signal Processing, 28*, 137–145.

Moorer, J., & Berger, M. (1986). Linear-phase bandsplitting: Theory and applications. *Journal of the Audio Engineering Society, 34*(3), 143–152.

Musialik, C. & Hatje, U. (2005). Frequency-domain processors for efficient removal of noise and unwanted audio events. In *Proceedings of Audio Engineering Society 26th Conference, Audio Forensics in the Digital Age, Denver, CO* (pp. 65–77).

Orfanidis, S. J. (1996). *Introduction to signal processing*. Upper Saddle River, NJ: Prentice Hall.

Owen, T. (1988). Forensic audio and video—Theory and applications. *Journal of the Audio Engineering Society, 36*, 34–40.

Tsoukalas, D. E., Mourjopoulos, J. N., & Kokkinakis, G. (1997). Speech enhancement based on audible noise suppression. *IEEE Transactions on Speech and Audio Processing, 5*(6), 479–514.

Weiss, M. R., & Aschkenasy, E. (1981). Wideband speech enhancement (addition). In *Final Tech. Rep. RADC-TR-81-53, DTIC ADA100462*.

Weiss, M. R., Aschkenasy, E., & Parsons, T.W. (1974). Study and development of the INTEL technique for improving speech intelligibility. In *Nicolet Scientific Corp., Final Rep. NSC-FR/4023*.

第7章
法庭科学证据解释

录音鉴定的基本任务包括真实性鉴定、清晰化处理和证据解释。如前所述，**真实性鉴定**通常会涉及客观的观察与测量，与任何实证研究一样，测量的准确性和精确性对于评估和报告都非常重要。**录音清晰化处理**往往是一个更加主观的领域，因为涉及单端降噪的选择，通常需要对处理后录音的质量和用途做出个人判断。在本章中，我们将了解到对法庭科学证据的**解释**应当尽可能客观，然而，得出客观解释所需的检验过程通常需要主观的评估、归纳和经验。

7.1 科 学 诚 信

法庭科学一个重要的基本原则是，科学方法与证据解释能够以其他专家可以理解并同意的方式进行阐释。不能存在技术秘密或未公开的方法论。特别是在刑事诉讼中，鉴定结果可能最终有助于法院做出剥夺被告人权利的判决、征收财务的判决或其他制裁等处罚。对录音证据进行科学分析的目的是满足法庭需要，从这个意义上说，风险可能非常高。

一些录音鉴定人员和专家证人并没有接受过法庭科学方面的正规培训，因此，这些人可能不了解提供完整且可验证的证据解释（包括检验方法和结果的可靠性）的必要性。其中一些人可能会断言：因为他们之前参与过许多案件，所以他们能够以某种方式听到其他专家无法检测或解释的内容，或者他们已经开发出一些专门的技术，能够分析其他人无法理解的录音。**至关重要的是，选择从事法庭科学领域工作的人要明白，此类断言是不道德的，会破坏所有在法庭或其他官方诉讼程序中作证的法庭科学家的诚信（integrity）。**

2009 年，美国国家科学院发表了题为《**美国法庭科学的加强之路**》的报告。该报告对很多在传统上依赖主观分析和比较的法庭科学领域（包括录音鉴定）提出了强烈批评。在这份有影响力的报告中，曾发表过下面的评论：

　　在刑事审判中，法律对法庭科学证据的可采性和依赖应以下面两个重要的问题为基础：①某一特定的法庭科学学科在多大程度上建立在可靠的科学方法之上，使其能够准确分析证据和报告结果；②某一特定的法庭科学学科的鉴定人员在多大程度上依赖于可能会被错误、偏见的威胁或因缺乏健全的操作程序和绩效标准所污染的人为解释。

我们越来越意识到，主观的法庭科学鉴定意见不一定能够在不同的鉴定人员之间得到重复；在不同情况下，**同一**鉴定人对相同的证据进行再次检验也不一定能重复其之前的检验结果。这都加剧了我们对法庭科学主观性的整体关注。针对这些问题和其他类似的问题，我们将在下一章中进行讨论。

7.2　方法和可靠性

科学测量具有特定的**精确度**（precision）和**准确度**（accuracy）。虽然精确度和准确度通常被认为是同义词，但这两个术语在科学和工程领域中具有独立且不同的含义。

精确度　表示特定测量的精细尺度分辨率及其可重复性。高精度的测量比低精度的测量有更多的有效数字，这意味着当测量精度高时，可以检测到被测量参数的变化比例更小。精确度还意味着测量的可重复性：如果连续多次观察同一数量，精确的测量每次都会返回基本相同的测量值（差异小）。

准确度　表示测量相对于已知标准参考物的准确程度。由于准确测量提供的数值可以作为**校准**测量系统的可靠参考，因此可以将测量结果与其他类似的校准测量结果进行比较。

录音鉴定中可以测量的参数类型包括时间、频率、振幅和频谱。这些测量数据的不确定性的来源是什么？我们将通过下面的示例及分析评价来思考这个问题。

7.2.1　案例1：不同位置的同时录音

请大家考虑图7.1中描述的常见场景。有两辆巡逻警车停在距离枪击现场约

150m 的位置处，车上两套不同的行车记录仪系统录下了两声连续的枪响。两个摄像头都没有指向枪击现场，但车厢内的麦克风却捕捉到了这两声枪响。每辆车的位置都是已知的，但从法庭科学的角度，存在这样的问题，即枪声来自哪里，是来自同一支枪（连续射击两次），还是来自相隔数米的两支不同的枪（Duckworth et al.，1997；Maher，2016）。因为现在有两个独立的录音，据此是否可以更全面地了解当时的情况？

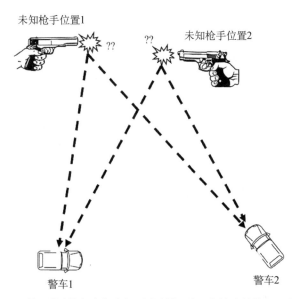

图 7.1　两辆不同警车中行车记录仪捕捉到两声枪响的情景示例

司法鉴定问题示例：

- 第一次射击相对于警车的位置？
- 第二次射击相对于警车的位置？
- 是相同位置的同一支枪？还是来自不同位置的两支不同的枪？还是来自同一支枪，只是枪手在两个射击点之间进行移动？

要测量录音中的时间间隔，首先需要确定两个相应的声音事件，然后计算它们之间的录音样本数量。以秒为单位的时间间隔是样本数量除以采样率（每秒钟内采样点的数量）。不确定因素往往是难以确定"两个相应事件"的时间，以及几个相关的不确定性问题。

在本案例中，其中一个问题是两个行车记录仪的摄像头不同步：录音文件开始的时间不同，两个摄像头系统录制声音的相对时间可能是不明确的。面对这种不确定性，鉴定人员需要确定是否可以根据某种方式，利用录音本身，使两段不同步的录音同步。在通过行车记录仪录音的情况下，一种可能的解决方案是，确定从调度中心发送的、被两辆巡逻警车中的无线电同时接收的信号：每个行车记录仪录音系统中的麦克风都会录下调度人员的语音。然后，可以利用两辆警车中共有的声音信号对两段不同步的录音进行同步对齐。如果没有调度员无线电信号，那么鉴定人员可以尝试从现场的某个已知位置确定另一个共同信号，并使用该信号对两段录音进行时间对准。

在本案例中，另一个潜在问题是车辆准确位置的不确定性。车辆的大致位置和方向很可能是从现场视频或现场静态照片中估计出来的，但位置测定的准确性肯定是有限的。任何需要几何计算的解释都将取决于位置的不确定性。声音在空气中的传播速度约为1ft/ms，因此一两米的位置不确定就会导致声学上几毫秒的时间不确定。在进行相关计算和报告时，鉴定人员需要考虑位置的不确定性。

除了时间和位置的不确定性（一阶因素）之外，鉴定人员还需要考虑空气温度（二阶因素）的影响。空气中声音的传播速度与绝对温度的平方根成正比。例如，声速在0℃时是331m/s，在室温下是343m/s，在正常体温下是353m/s。温度的任何不确定都会导致声速的不确定，而声速的不确定又会导致距离的不确定，因为距离是根据事件之间经历的时间计算的。如果温度估计得合理，那么这种不确定性可能很小，但在得出最终结果之前，需要对任何相关的假设都进行检查核实。

假设鉴定人员能够同步两段录音，并确定两辆巡逻警车的位置，那么使用上述录音来解决有关枪击位置的鉴定问题或许是可行的。通过使用**多点定位法**（multilateration）的计算程序，根据对两个已知位置的同步观察来确定声源位置。多点定位法是基于声音在两个或多个接收器位置的**到达时间差**（time difference of arrival，TDOA）进行计算的。基于到达时间差的多点定位方法有时会被错误地称为"三角测量"（triangulation）。"三角测量"是一个不同的程序，该程序使用的是相对于已知位置的角度测量。

多点定位法的原理是，声源产生的脉冲声音以声速向各个方向传播，声音到达接收器的时间延迟等于声源到接收器的距离除以声速。通常情况下，同步接收器并不知道声音从未知声源位置产生的绝对时间，但是如果接收器是同步的，那么它们确实能知道声音到达的**时间差**。利用相对时间差（Δt）和声速（c）进行计算，声源的位置一定与首先收到信号的接收器相距 $L - c\,\Delta t/2$，与第二个接收器相距 $L + c\,\Delta t/2$。如果我们假设声源和两个接收器都在同一平面上，那么满足相对距离约束的声源点的位置是一个数学上的**双曲线**，由以下公式给出：

$$\frac{x^2}{x_a^2} - \frac{y^2}{x_0^2 - x_a^2} = 1$$

我们假设笛卡儿（矩形）坐标系处于（$-x_0$，0）和（$+x_0$，0）位置的两个接收器之间，坐标 x_a 对应于 $c\ \Delta t/2$，声源位于未知位置（x，y），上述配置如图 7.2 所示。图中描绘的情况是，声源信号到达接收器 1 的时间比到达接收器 2 的时间早 Δt。

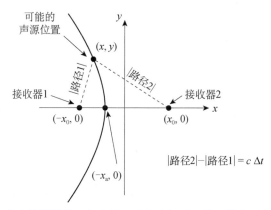

图 7.2　双接收器多点定位测量的几何配置。选择坐标系，使 x 轴在两个接收器的连线上，y 轴在两个接收器的中间位置处相交。该图假设声源位于某个位置（x，y），使其产生的脉冲在到达接收器 1 的时间比到达接收器 2 的时间早 Δt。在数学上，满足此条件的点（x，y）的位置是一条双曲线，其顶点 $|x_a|=c\ \Delta t/2$

　　利用上述公式，录音鉴定人员可以使用接收器（巡逻警车）的位置和到达时间差（Δt）的知识来估计关于第一次射击和第二次射击的可能射击位置的双曲线。假设巡逻警车没有移动，而且两次射击的到达时间差（Δt）不同，那么鉴定人员可以得出结论，认定两次射击来自不同的位置，但是依据该双接收器的公式并不能确定声源的精确位置，只能确定可能位置的轨迹。

　　两次枪击是来自两支不同的枪，还是来自在两次枪击之间移动的同一支枪？解决这一问题需要更多的额外信息，比如两次射击之间的时间以及枪手在这段时间内可能移动的距离。因此，录音鉴定人员需要向侦查人员提供声学分析结果，然后，侦查人员可能会将多点定位法的测量结果与案件调查中的其他信息结合起来。

　　如果还有另一段同步录音，比如说，在另一个附近地点的第三辆巡逻警车，情况会怎么样？在这种情况下，有可能使用成对的接收器进行**两次**多点定位计算，即确定接收器 1 和接收器 2 的双曲线，然后确定接收器 1 和接收器 3 的第二条双曲线。假设这两条双曲线在一个或多个点处相交，其结果可以用来估计射击点的位置。

在实际情况中，接收器位置、接收器同步和到达时间差检测的不确定性可能足以给位置估计带来显著的不确定性。在准备案件报告时，鉴定人员需要考虑并充分解释所有潜在错误或差异的来源。

7.2.2　案例 2：录音的多普勒效应与转换速度

在第二个案例中，911 呼叫中心对报警人和调度员之间的对话进行了录音。报警人解释说，他的车熄火并停在了故障车道上（图 7.3）。当调度员正在收集信息并呼叫应急人员时，背景中传来一辆驶来卡车的汽笛声。1s 后，事故发生了，电话突然中断。在随后的调查过程中，通过对电话录音进行分析，确定了录音中卡车喇叭的频率为 329Hz。

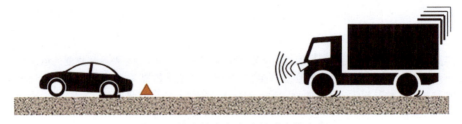

图 7.3　熄火的汽车和鸣笛驶来的卡车

该卡车上使用的空气喇叭的额定频率为 295Hz。事故发生后，通过对该车喇叭的测试也验证了这一说法。相关的司法鉴定问题：

- 根据多普勒效应（Doppler effect），估算驶来卡车的速度是多少？

由于多普勒效应，当一个声源以速度 v 直接向静止的接收器移动时，可以观测到更高的频率。接收到的频率为 f_0（$c/(c-v)$），其中 f_0 是声源在静止时产生的声音频率，c 是空气中的声速。假设空气温度、声源频率和接收频率都是已知的，那么就可以计算出声源相对于静止接收器的运动速度：$v = c(1 - f_0/f)$。

在本案例中，已知空气温度约为 $T_C = 17℃$（63℉），与之对应的声速 $c = 331.3 \times \sqrt{1 + T_C/273} = 341.5\text{m/s}$。然后通过 $f = 329$Hz 和 $f_0 = 295$Hz，计算得到 $v = 35.3\text{m/s}$（78.9mi/h）[①]。因此，根据录音证据可知，在事故发生前，卡车正以每小时近 80 英里的速度驶向被撞车辆。

---

① 译者注：相当于 127.1km/h。

　　在本案例中，有几个不确定的地方。首先，329Hz 的信号频率是通过对录音进行频率估计确定的，信号的精确采样率具有不确定性，诸如此类。其次，已知的空气温度实际上可能并不精确。最后，如果接近的卡车不是直接朝着接收器行驶，那么多普勒计算可能会低估卡车的速度，因为多普勒频率反映的是相对于麦克风的径向速度分量。

　　通过生成一个精确的测试音，并使用与 911 呼叫中心最初使用的相同系统进行录音实验，录音鉴定人员应该能够验证录音的采样率是否正确，以及频率测定技术是否可靠。出于职业操守——一种明智的偏执（wise paranoia），鉴定人员需要对这些及其他参数进行验证。通常情况下，我们经常假设录音的细节、时间、信托人的标记（fiduciary marking）等都是正确的，但是也有这样的情况：声称以 8000Hz 采样率录制的录音，实际上是以 8192Hz 的非标准速率录制的。2.4% 的采样率误差意味着，以 8192Hz 的采样率录制，然后却以 8000Hz 的速率回放，此时录音将会出现大约半个半音的走调（不平）现象。当这种差异出现在多普勒计算中时，将会导致频率计算结果为 321Hz，而不是 329Hz，而这意味着卡车的速度为 27.7m/s（62mi/h）[①]——明显低于之前估计的每小时 78.9 英里。

　　此外，鉴定人员还应计算由于不正确的空气温度造成的任何变化。在本案例中，当气温在 15～20℃（59～68°F）的范围内变化时，仅会导致车速估算范围的微小变化：35.2～35.5m/s（78.7～79.4mi/h）。结合调查人员可能掌握的其他物证，这些录音鉴定结果可以提供一些有用的信息，帮助了解事故发生过程。

7.2.3　案例 3：声压级与距离

　　图 7.4 描述了第三个录音场景。张三在衬衫口袋里放了一个备忘录录音笔（memo recorder），录下了李四在郊外街道上大声喊出的威胁性话语。两人都认为上述录音是真实的，但是对于两人之间的间隔距离存在争议。受到威胁的张三声称李四喊叫的地方只有 1m 远（场景 1），而且非常有威胁性；而被指控发出威胁性喊叫的李四则声称他在 8m 多远的街道对面（场景 2），并没有人身威胁性。该案中没有其他证人或物证可供佐证。

---

① 译者注：相当于 99.7km/h。

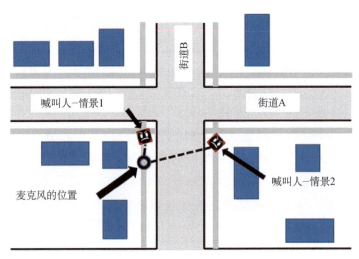

图 7.4 发出威胁喊叫的可能性场景平面图

司法鉴定问题：

● 可以通过录音本身估计喊叫人李四和录音人张三之间的距离吗？

大家都知道，由于声波的物理特性，声源的声压级会随着距离的增加而降低。如果忽略反射和混响，声音强度遵循球面扩散的模式，导致声压振幅与距离成反比。对声压级（SPL）来说，这意味着距离每增加一倍，声压级就会降低6dB。

在混响环境中，一些声音经过附近物体和表面的反射后到达麦克风，因此，实际上的声压级可能比球面扩散模型预测的要高一些。如果声源距离麦克风更近或更远，那么直达声和反射/混响声音之间的相对平衡也会有所不同。当声源靠近时，录制的声音将由喊话人的直达声主导，而如果距离较远，直达声和反射声的声压级别相当。在任何情况下，可以预计的是，一个人在1m远的地方喊叫与同一个人在8m远的地方喊叫相比，录音笔录制的声压级都会有明显的不同。球形扩散模型会显示出18dB的声压级差异，这种差异是非常明显的。

然而，在本案例中，还有几个不确定的地方。首先，个人喊叫的响度并不是一个可以校准的声源，因此，无法准确得知其声压级。其次，麦克风的位置和灵敏度会对所录信号产生实质影响。此外，许多"备忘录录音笔"会带有自动增益控制（AGC）的电子装置，当声音过小时会对信号自动增强，如果声音太大则会对信号自动减弱。这意味着，录音笔录制的附近声源的声压级，与将同一声源移至较远的地方时，录音笔录制的声压级相比，实际上两者最终可能是相似的。最后，如上所述，由于声音的反射/回声、混响和环境背景噪声等因素，录音环境可能会对声音信号产生很大影响。在某些情况下，如果录音中存在明显的声音反射，那么可能有助于确定有关声源和麦克风位置的细节信息。

面对这些不确定的领域以及本案所涉及的基本司法鉴定问题，鉴定人员很可能应该要求对录音环境进行重建。调查人员可以提供检材录音笔，而录音鉴定人可以确定检材录音笔在录制原始检材录音时的具体设置情况。然后，可以在真实的案发现场进行测试，对有争议的场景进行重建。在类似的重建过程中，鉴定人员最好能够对现场进行完整的、不间断的录像，以帮助记录测试过程，并尽量减少对实验有效性的质疑。

7.3　似　然　比

法庭科学证据的重要性和可靠性取决于调查中的各种因素。录音证据的解释通常会结合客观和主观的考虑因素，并且几乎总是存在某种程度的不确定性。虽然科学研究可以说明不确定性，而且正在进行的分析可能会在未来提供更多的科学见解，但司法鉴定通常不会受到持续的审查。由于法院需要在案件审理期限内做出判决，因此法律权威需要权衡各种证据，并评估可能存在的任何怀疑程度（Morrison，2011）。

正如美国国家科学院在其法庭科学报告（National Academy of Sciences，2009）中所指出的那样，美国的法律体系越来越多地接受 DNA 证据提供的统计学上的高度可能性，并将其作为所有法庭科学证据的理想标准。DNA 结果使用**似然比**（likelihood ratio，LR）的表述方式来描述 DNA 的比对结果。似然比是一种在两个相互竞争的假设条件下，表达某个观察结果发生概率的方式（Perlin，2010；Lindley，2014）。在刑事案件中，似然比是两个概率的比值：当嫌疑人实际上是犯罪者时观察的概率除以当犯罪者是嫌疑人之外的其他人时观察的概率。第一个概率（分子）被称为**起诉假设**（prosecution hypothesis）的概率，因为这是检察官的犯罪理论；第二个概率（分母）被称为**辩护假设**（defense hypothesis）的概率，因为它代表了辩护方主张嫌疑人是无辜的观点。

对于 DNA 证据，目前认为在嫌疑人的 DNA 和 DNA 证据样本之间获得模式匹配的统计可能性是极具选择性的。诸如"**一件带有污渍的衣服和被告匹配的概率是与无关人员巧合匹配概率的九千万亿倍**[①]"的说法是基于似然比的计算。在

---

① 译者注：该数字为 9×10^{15}。

这种情况下，似然比的分子为1，因为假设如果嫌疑人提供的 DNA 的概率为1，那么 DNA 标记与嫌疑人的 DNA 会匹配；分母是九千万亿分之一（从样本人群中随机抽取的 DNA 片段与相同数量的 DNA 标记相匹配的概率）。

当然，DNA"匹配"并不一定意味着可以自动做出有罪判决。导致匹配的原因可能是由于样本受到污染，或者是由于其他合理的——而且是无辜的——原因导致犯罪嫌疑人的 DNA 可能出现在犯罪现场，而不是由于犯罪原因造成的。因此，控方、辩方和法官仍然必须对现有证据进行仔细、完整的解释。

将似然比程序用于除 DNA 以外的其他证据，如录音证据，是否可行？答案是有条件地肯定，其困难往往在于评估起诉假设与辩护假设相对应的概率。其他证据的提取标记和数学论证与 DNA 检验的程序完全不同。

例如，控方可能声称检材录音证据中某些话语是被告所说，而辩方可能辩称检材录音中那些话语不是被告所说。

为了以一种有意义的方式呈现该录音证据，需要确定语音匹配过程的**选择性**。然而，这并不容易，因为说话人鉴定取决于录音长度、信号质量、单词数量以及各种主观考虑因素。即使说话人连续两次**试图**以完全相同的方式说出一个示例短语，两次发音的语音信号在许多细节上都会有所不同。这与 DNA 检验完全不同，预计后者在每次检验中都会给出完全相同的标记。

此外，起诉假设的概率——检材语音是被告所说——可能难以确定，因为这需要被告在与检材录音证据相同的条件下，说出许多样本语音片段，并且还需要检验（检材语音和样本语音中）有多少已知话语的特征符合，以评估其可靠性。

同样，辩护假设的概率——检材语音是被告以外的其他人所说——需要具备与被告讲相同语言且在其他方面与被告相似（年龄、性别、口音等）的其他人群的统计知识，以及这些相似的说话人之一与检材语音相匹配的可能性。

由于这些原因，在录音鉴定案件中，如说话人鉴定，很少看到使用似然比的情况出现。这仍然是当前和未来研究的一个领域。

参 考 文 献

Duckworth, G. L., Gilbert, D. C., & Barger, J. E. (1997). Acoustic counter-sniper system. In E. M. Carapezza & D. Spector (Eds.), *Proc. of SPIE, command, control, communications, and intelligence systems for law enforcement* (Vol. 2938, pp. 262–275).

Lindley, D. V. (2014). *Understanding uncertainty*. Hoboken, NJ: Wiley.

Maher, R. C. (2016). Gunshot recordings from a criminal incident: Who shot first? The Journal of the Acoustical Society of America *139*(4), 2024. Lay-language version: http://acoustics.org/2aaaa7-gunshot-recordings-from-a-criminal-incident-who-shot-first-robert-c-maher/.

Morrison, G. S. (2011). Measuring the validity and reliability of forensic likelihood-ratio systems. *Science & Justice, 51*, 91–98.

National Academy of Sciences. (2009). *Strengthening forensic science in the United States: A path forward*. Washington, DC: National Academy Press.

Perlin, M. W. (2010). Explaining the likelihood ratio in DNA mixture interpretation. In *Proceedings of Promega's Twenty First International Symposium on Human Identification, Madison, WI*.

第 8 章
专家报告和证言

司法鉴定的"产品"通常是一份正式报告①。根据调查的性质,该报告既可能是对所用技术方法和测量结果的简要描述,也可能是一份内容更加广泛的文件,包含了数字、照片、数据表格和科学结论等。如果报告是要在法庭上使用的,那么鉴定人员可能需要先具备"专家"资格,然后报告才能作为正式证词被法庭接受。

8.1 专 家 资 格

如何才能被认为是录音鉴定的专家?参与案件的律师将指导专家资格的认定过程。尽管如此,了解录音鉴定人将被问到的常见问题是有帮助的。

在美国的不同司法管辖区内,法院确定可接受的专门知识的方式并不相同。标准可以基于 Frye v. United States 案件(54 App. D.C. 46,293F.1013,DC Ct App 1923,简称为"Frye")、"Daubert"案件(Daubert v. Merrell Dow Pharmaceuticals,509 U.S. 579)(Supreme Court of the United States,1993)或其他类似标准。

简单地说,Frye 标准要求专家使用的方法和技术在相关科学共同体内被普遍认为是可靠的。有一些州使用 Frye 标准来确定专家证言的可采性。

Daubert 标准使用联邦证据规则(Federal Rules of Evidence)来考查专家证言的相关性和科学可靠性。随后的案例,如 Kumho Tire Co. v. Carmichael 案(526 U.S. 137 1999),将 Daubert 标准的适用范围扩展到纯科学证言以外的主题,如技

---

① 译者注:即鉴定文书,在国内通常指司法鉴定意见书。

术领域和工程原理，包括录音工程。美国联邦法院使用 Daubert 标准对专家证言的可采性进行考查，另外，许多州也把 Daubert 标准作为确立专门知识的标准。

2011 年，《联邦证据规则》第 702 条修订为：

> 规则第 702 条　专家证人证言。
>
> 在下列情况下，因知识、技能、经验、训练或者教育而具备专家资格的证人，可以以意见或者其他的形式就此作证：
>
> （a）专家的科学、技术或者其他专门知识将会帮助事实审判者理解证据或者确定争议事实；
>
> （b）证言基于足够的事实或者数据；
>
> （c）证言是可靠的原理和方法的产物；
>
> （d）专家将这些原理和方法可靠地适用于案件的事实。

法院可以应用 Daubert 标准对鉴定人员提出一系列的问题。这些问题通常包括以下几个方面：

（1）**可靠性**：专家使用的技术或理论是否可以在某种客观意义上得到检验，或者它是否只是一种主观意见，无法对其进行系统评估；

（2）**审查**：该技术或理论是否已经过同行评议和发表；

（3）**不确定性**：该技术和理论在应用时的已知或潜在的错误率；

（4）**标准**：标准和控制的存在与维护；

（5）**声誉**：该技术或理论是否被科学共同体普遍接受。

在专家资格的考查过程中，考查点指向录音鉴定中是否使用了**公认的**和**客观的**技术方法。如果专家依赖无法被评估的专有技术，或者依赖没有客观依据的主观印象和断言，这在任何法庭科学研究领域都是一个危险信号。正如在美国国家科学院 2009 年关于法庭科学的高度批评性的报告中所指出的那样，司法界对专家证言可靠性的认识和关注日益增强，而且越来越多的人期待，那些名声不好的或纯粹主观的意见将不会被采纳为专家证言。

虽然录音鉴定专家可能认为自己可以通过开发其他鉴定人员所没有的专有分析技术，确保自己能够更容易地获得未来的鉴定案源，但必须要记住，现代法庭证词必须是法院完全可以理解的，不能被秘密或毫无根据的断言所掩盖。所有的技术和专家意见都必须建立在可以被解释的技术之上，这些技术具有已知的不确定性水平，并且是声学和录音工程的标准分析体系中的一部分。

特别是要避免使用"金耳朵"（golden ear）断言的专家陈述，例如"**因为我拥有丰富卓越的经验和敏锐的听觉，所以我能感知到其他人听不到的东西**"。专家陈述必须以能够被其他专家确认并被法院理解的方式加以解释。

8.2 专 家 报 告

在完成要求的录音鉴定任务之后，鉴定人员还可能需要准备一份正式的报告。报告的格式和内容可能会有所不同，这取决于委托鉴定的调查人员的需求。通常情况下，报告的大纲会包括以下内容：

一、封面

一个简单的页面，列出报告的标题、日期、案件标识、鉴定人的姓名和地址以及类似的基本信息。

二、引言

在引言部分，将介绍司法鉴定的背景和情况，证据的性质，以及委托录音鉴定的原因。

三、案件事实摘要

在引言之后，是案件摘要部分。该部分将更加详细地介绍提供给鉴定人员的案件信息：录音材料的来源，录音的日期、时间和地点，有关录音材料的质量和完整性的初步疑问，有关检验步骤的概述等。

四、专家资格概况

按照惯例，专家报告中应包括对专家经验和资格的概括。由于会将专家完整的简历（专业简历）作为报告的附录进行呈现，因此，专家资格概况的内容只需要包括：鉴定人的正式教育背景，从事录音鉴定的多年执业经验，任何重要的出版物、奖项和证书，以及对鉴定人目前和以前专业职位的描述等。

五、对录音材料及其完整性的初步检验

本部分的篇幅一般较短，内容包括在实验室中对录音证据进行接收和验证的方式的描述。如前所述，鉴定人会采用位对位精确拷贝形式，制作录音证据的数字复制件，以供后续检验，而对原始录音文件不做任何改动。

六、录音鉴定问题

本节列出了分析中涉及的具体录音鉴定问题。例如，"在录音的前135s，检测到第一声枪响的具体时间？"或"是否可以提高录音中第10分45秒至11分30秒之间语音的可懂度？"

七、对证据的解释

结合案件情况和具体的录音鉴定问题，该部分内容包括对录音的描述、录音麦克风的位置、录音系统的类型及其已知或推测的特征，以及与录音证据相关的其他参数。

八、对技术的解释

在录音鉴定中，通常需要进行波形分析、声谱分析和关键性听辨等，如第 5 章所述。报告中的技术部分描述了检验中使用的标准方法和程序。该部分的描述需要足够详细，以便另一位录音鉴定专家能够理解，并能根据本部分描述的检验步骤对鉴定进行复现。

九、鉴定结果

结论部分会对检验结果和鉴定意见进行描述，通常是对报告第六部分中提出的具体录音鉴定问题的回答。

十、附录

个人简历、补充性的图形信息和其他重要的支撑信息。

报告中第九部分描述的录音鉴定结果可能对整个调查活动至关重要。调查人员、律师和/或法院通常会将录音证据与现有的物证、法庭科学研究、证人陈述和案件的其他情况结合起来。因此，报告提供的关于鉴定结果的可靠性、潜在误差来源和不确定性程度的信息是至关重要的。

正如 8.1 节中所指出的，鉴定人员在报告中加入毫无根据的断言和陈述是不合适的。诸如"根据我的经验，我可以听出来声音是由 38 口径手枪发出的"或者"根据我之前鉴定过的十几个类似案件，检材语音一定是被告的声音"这些陈述都是不可接受的。如果鉴定人对证据有"预感"或主观意见，这些主观信息必须有事实和客观解释的支撑，否则就不应该写到报告中去。

尽管美国国家科学院在 2009 年关于法庭科学的报告中呼吁加强专家证言的客观性和评估，但在一些司法管辖区，人们仍然认为专家的**意见**可以得到更多的信任，仅仅是因为专家在相关领域拥有丰富的经验。在这些司法管辖区，按照惯例，专家会在陈述任何鉴定结果之前，先断言："**在录音鉴定领域，我认为以下观点具有合理程度的科学确定性。**"

虽然专家可能会被要求在报告中使用**"合理程度的科学确定性"**（reasonable degree of scientific certainty）这一说法，而且在非专业人士看来，这似乎意味着一种有意义的可靠性标准，但这些奇怪的词语从来都不会在常规的科学语境中使用，如学术期刊、研究性的专题研讨会或正式的科学研究报告。科学的同行评议是在方法论和既定的统计不确定性水平的基础上进行的，而不是"合理程度的"确定性。

当录音鉴定人在专家报告中使用"合理程度的科学确定性"的说法时，现在的良好做法是，为相关鉴定结果提供更有意义的科学解释，而不仅仅是含蓄地主张"相信我，我是专家"。

8.3 专 家 证 言

对于涉及录音鉴定的案件来说，有时候可能需要鉴定人员亲自到法庭上或其他的官方场合出庭作证才能结案。案件类型既可能是涉及指控被告犯罪的刑事案件，也可能是某种民事诉讼或者对事故或其他事件的调查。如果该案件是建立在对录音证据及其解释的基础之上，那么可能会要求录音鉴定人员以在公开法庭外作证、参加公开听证会或到法院出庭的形式进行作证。

针对专家证言可采性的标准，法院将依据上文已经提到的几个标准之一进行裁决：Frye 标准、Daubert 标准或州司法标准。如果对专家的方法和知识存在争议，对方的律师可以在专家出庭过程中对其提出质疑。

8.3.1 专家的作用

正如已经多次提到的那样，无论哪一方聘请了录音鉴定专家，专家都**不是**证明被告有罪或无罪的**辩护人**。专家的作用是：

（a）向法院解释与录音证据相关的事实、技术、方法和获取过程。

（b）对理解证据所需的相关声学和物理原理进行简要概述。

（c）鉴于案件中现有的具体证据类型，解释哪些可以以及哪些不可以被科学地确定。

（d）对所进行的分析，使用的方法，这些方法的可靠性、准确性和公差（tolerance），以及得出具体结论的依据进行解释。

在法庭诉讼案件中，收集所有证据和证言，并代表其当事人向陪审团和/或法官提出法律论据，是律师的职责，而不是专家证人的责任。

8.3.2 庭外作证

庭外作证（deposition）①在美国是一个常见的法律程序。庭外作证是一个正

---

① 译者注："deposition"的其他中文翻译还有庭外质询、庭外取证、庭外采证、庭外证言、庭前证言存录等。庭外作证取得的专家证言与在法庭上取得的专家证言具有同等法律效力。

式的问答环节，在此环节中，对方律师会向证人提问。庭外作证是在宣誓的情况下进行的，专业的法庭记录员（速记员）和摄影师通常会对诉讼过程进行合法记录。虽然在刑事案件中很少有庭外作证的情况，但在民事诉讼中这种情况却很常见。

事实证人（fact witness）只提供对事实的观察而不发表意见，但**专家证人**（expert witness）（例如录音鉴定人）通常会回答有关之前提交的专家报告的问题，并在回答对方律师的问题时提供专业的口头意见。如前所述，对专家**意见**更准确的描述是，基于标准技术和真实证据所做出的可供检验的科学陈述，而不是对"意见"一词的习惯性和非正式性的解释。

庭外作证为对方律师提供了在审判前询问专家证人的机会。由于作证是在宣誓的情况进行的，因此庭外作证的信息可能会成为随后法律诉讼的关键部分。在美国，庭外作证要遵循相关法院确定的程序规则，但它们是由案件中对方律师协调组织下的**对抗性**事件。除此之外，这意味着专家证人在宣誓作证期间所做的陈述可以被对方律师利用，从而在随后的审判中准备强有力的交叉询问。因此，在提供庭外作证的证词之前，必须做好适当的准备。在专家庭外作证之前，聘请专家的律师将协助专家进行准备，并向专家提供建议。在出庭过程中，一方律师可以对对方律师的意见提出反对意见，但由于庭前很少有法官在场，因此反对意见只会记录在案，而提问会继续进行。

8.3.3　证言与行为

通常情况下，录音鉴定的出庭和法庭证言会围绕着介绍涉案各方使用的录音证据而展开。鉴定专家协助对录音材料的情况和特点进行解释，并对分析过程和检验结果进行描述。

虽然现在大多数的律师、法官和陪审团成员对录音材料和录音概念都有一定的了解，但很少有人拥有与专家相媲美的知识和经验。因此，申请录音鉴定专家出庭的律师可以选择使用一部分证言，来介绍录音鉴定人的教育背景、培训、经验和其他一般性的资格要求，然后再讨论专家证人的具体资格。律师还可以向证人提出几个问题，这些问题构成了对理解案件证据和证言所需的关键科学原理的简要指南。如果对方律师对专家证人的鉴定方法和资格提出异议，那么法院可能会要求举行 **Daubert 听证会**（Daubert hearing）（见 8.1 节），以考虑专家证言是否具有可采性，这个过程是强制性的。

8.3.4　交叉询问

首先，专家证人根据其受雇律师的要求提供直接证言，然后，对方律师有机会对专家证人进行**交叉询问**（cross-examination）：对直接证言中存在的问题进行提问，通常是为了质疑专家的技术和解释。

聘请专家的律师将为专家提供审前准备，以帮助专家预测在证词的交叉询问部分可能出现的各种问题。对于专家来说，重要的是要记住，对方律师在交叉询问的过程中，有责任以最符合己方利益的方式对直接证言中的问题提出质疑。这意味着，对方律师可能会表现出好争论和怀疑的态度，也可能会表现出欢快和友好的态度，无论对方律师决定采取什么态度，都是为了最好地促成他们在案件中的主张。

尽管专家可能是法庭上最了解本案录音证据的人，但是专家的态度绝对不能是居高临下或争论不休的，即使对方律师提出一系列挑战性的问题或打断专家的发言。此外，专家必须记住，专家的正确角色是对证据进行**作证**，并就科学问题教育法庭，而**不是对案件进行争论**——这是律师的角色。专家不得试图与对方律师进行辩论、争吵或"智胜"对方律师。

简而言之，专家证言的"最高指导原则"（prime directive）是如实作证。虽然这似乎是显而易见的，但在对抗式的诉讼制度下，事实上对抗双方往往倾向于对很多情况进行夸大处理，比如：词语的特殊解释和含义，提问及回答的方式和语气，言论被断章取义的可能性，以及在交叉询问期间提出一个出乎意料的或具有潜在误导性问题的可能性。同样，聘请专家的律师将为专家提供所需的审前准备，以使其在交叉询问中发挥效力。

参 考 文 献

Supreme Court of the United States. (1993). *Daubert v. Merrell Dow*, 509 U.S. 579, No. 92-102.

第9章
应用实例1：枪声声学

在美国，枪声是案件录音中可能出现的声音之一。不幸的是，许多社区持续存在涉及枪械（firearm）的犯罪活动、恐怖主义和意外行为，执法机构则越来越多地遇到涉及枪声的录音证据。在鉴定过程中，通常需要利用枪声声学（gunshot acoustics）对枪械进行鉴别或分类，确定多个枪声的数量和顺序；在某些情况下，还要估计涉案枪械的位置和方向。

对枪声录音进行评估，鉴定人员不仅需要对枪械行为有系统的了解，还需要具备对来自地面和其他附近表面的声波反射、吸收、传播及衍射现象予以解释的能力。此外，枪械的声学方向性也是一个重要因素。

除了枪声本身，录音中还可能包含某些机械声，如装弹和抛壳的声音、扣动击发装置的声音等。这些相对细微的声音可能会提供一些相关的重要信息，如枪械类型和围绕枪击事件的其他情况。

9.1 枪 械 原 理

现代普通枪械使用的弹药由一个**子弹**（cartridge）组成。子弹一般由黄铜制成，弹头（bullet）固定在**弹壳**（case/casing）（一个密封的小圆柱形罐子）的开口端，弹壳内装推进剂（火药），通常会填满弹壳内的可用空间。因此，一体式子弹，有时也称为一**发**弹药，即在同一个容器中装有适当的弹头和发射药，如图9.1所示。

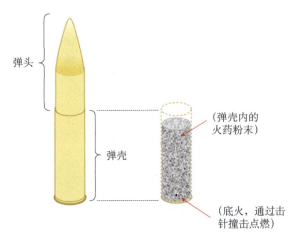

（弹壳内的火药粉末）

弹头

弹壳

（底火，通过击针撞击点燃）

图 9.1　由弹头、弹壳和火药组成的子弹

枪械的机械部件具有专门的术语。对于录音鉴定而言，具体的术语似乎并不重要，但这些部件的特点和功能在整个鉴定过程中可以发挥重要作用。此外，枪械的一些机械方面可以产生提示性的声音，或者可以影响一支枪连续射击的速度，而这些方面对于司法声学（forensic acoustics）而言可能是很重要的。

枪管（barrel）是枪械中一个空心的圆柱形管子，子弹射出时将由此穿过。枪管内部的空洞称为**枪膛**（bore）。子弹被放置在枪管后端的**弹膛**（firing chamber）中。弹膛的设计是为了使子弹能够紧贴膛壁，弹头的一部分突出到枪膛的后端。枪管前端称为**枪口**（muzzle），即子弹出膛的地方。

枪管长度是由制造商根据内部弹道原理精心选择确定的。枪管的尺寸会对枪声的大小和方向性产生影响。

枪械**动作**是指，当扣动扳机时，定位子弹的机械装置允许受弹簧支承的击针（firing pin）撞击**底火帽**，并在射击后，移除废旧的弹壳，以便将下一轮弹药装入弹膛。

如图 9.1 所示的中心发火式的枪弹，其顶部装有底火。当扣动扳机时，受弹簧支承的击针突然撞击**底火帽**，使其在弹壳内点燃。底火中含有一种对撞击敏感的混合物，在击针的撞击下会燃烧。燃烧的底火会迅速点燃弹壳内的发射药。灼热的燃烧气体瞬间膨胀，产生极高的压力。弹壳中的高压使得弹壳紧贴弹膛，压力释放迫使弹头与弹壳分离，并在热气的推动下迅速沿枪管加速前进。弹头以巨大的力量和速度冲出枪口，并伴随高压气体和烟尘燃烧物从枪口喷出。

根据枪械和特定载荷（弹头重量和装药量）的不同，射出的弹丸可能是超声速的，也可能不是超声速的。如果弹丸是超声速的，它穿过大气层时会产生一个冲击波，这个冲击波可能和枪声本身一样响。由于存在空气阻力，超声速子弹的速度会迅速降低，并在某个可预测的下行点和速度下变成亚声速。亚声速子弹仍然可以产生声音，这些声音可能会被录制下来，这取决于录音设备的质量以及与子弹通过时距离的远近。

　　枪械制造商已经开发出了许多不同的子弹尺寸，以适应在用的各种枪械。弹药的**口径**（caliber）是与弹头直径相关的测量数据。在美国，口径以英寸为单位，而其他国家通常以毫米为单位报告口径。关于子弹的名称和弹头的真实口径，子弹设计者和制造商之间可能存在且经常存在一些差异。例如，以下子弹的真实直径均为 0.308in：温切斯特.30-30 步枪弹、斯普林菲尔德 0.30-06 步枪弹、温切斯特 308 口径步枪弹、北约 7.62mm 步枪弹和萨维奇.300 步枪弹。在这些例子中，弹壳的尺寸都是不同的。通常情况下，制造商会对枪械的子弹-口径类型进行标记，从而确定枪械使用的子弹。此外，特定类型的枪械还可能装有替代性的枪管和弹膛，以便能够使用不同类型的子弹。一个特定的枪械可能会被称为是**安装**了一个特定的口径，以确定其配置。录音鉴定人员无须了解所有这些细节，相关内容可以向制造商和枪械专家进行咨询。

　　四种常见的标准枪械类型为**手枪**（pistol handgun）、**转轮手枪**（revolver handgun）、**步枪**（rifle）和**猎枪**（shotgun）。这些枪械的基本配置如图 9.2 所示。

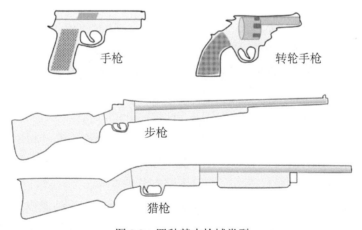

图 9.2　四种基本枪械类型

　　手枪是设计用于单手操作的枪械：由手柄、扳机、枪管和弹药组成，通过握住手柄、对准枪口、扣动扳机等步骤完成射击。为了更好地瞄准目标和保持稳定，执法人员和目标射击者通常用双手握住手枪。

很多现代手枪和步枪都是**连发枪**，这意味着在一个完整的隔间或**弹匣**内能够装配多轮弹药，可以连续射击而无须手动装弹。有些弹匣可容纳多达 15 发子弹。

有些连发枪是**半自动的**，此类枪械无需手动扣动扳机，利用射击时周围产生的后坐力（或气体压力）自动弹出废旧弹壳，并将新的子弹装入弹膛。半自动枪械每扣动一次扳机就射出一颗子弹，而且每次扣动扳机都可以连续射击，直到所有弹药用完为止[1]。

手枪一词指的是枪管后部为单一弹膛的枪支。市售手枪包括柯尔特 M1911 和 1991 系列、格洛克 19 和西格绍尔 P320 等。手枪的弹膛一般是封闭的，可以将膨胀的燃烧气体限制在枪膛和枪管内，直到从枪口喷出。

转轮手枪是指带有一个**弹巢**（cylinder）（包含多个弹膛）的手枪。为了准备转轮手枪，要在弹巢的每个弹膛中预先装入一发子弹。每次射击后，弹巢都会旋转，以便将未打完的子弹置于枪管后端，为下一次射击做好准备。大多数但并非所有转轮手枪的弹巢都有六个弹膛。市售转轮手枪有鲁格 SP101 和史密斯·韦森 629。可以将转轮手枪的多个弹膛旋转到发射位置进行射击。在旋转的弹巢和枪管后部的交接处，即弹膛和枪管之间，有一个很小的间隙。当转轮手枪射击时，部分炽热的燃烧气体可能会从弹膛和枪管的间隙中泄漏出来。

步枪的枪管较长，通常超过 40cm。枪管固定在**枪托**上，以便用双手握枪的同时能够从肩部射击。一只手支撑着枪的前端，另一只手抓住扳机后面的枪托。步枪每次射击只发射一颗子弹。"步枪"（rifle）一词源于对"来福火枪"（rifled musket）的简化，指的是在枪管内膛中开出的螺旋形沟槽，或称**膛线**（rifling）。膛线使子弹产生旋转，有助于稳定其弹道，就像我们在投掷橄榄球时看到的"螺旋传球"那样。

步枪机械部件的活动方式（action）可以分为以下几类：

● **栓动式**（bolt action）——位于弹膛后部的手动枪栓手柄和枪栓，允许用户将实弹装入弹膛并加以固定，并从弹膛中手动取出用完的弹壳。枪栓式步枪可能是单发的，也可能在枪栓下方的弹匣中装有若干实弹。

● **杠杆式**（lever action）——位于扳机下方和后面的手动操作杆，向下旋转可以抽出和抛出弹壳，并通过向上的闭合动作将实弹装入弹膛。杠杆式步枪通常

---

[1] 请注意，与**半自动**枪械不同，配备**全自动**动作的枪械从设计和定义上讲是一种机枪（machine gun）。只要向后扣住扳机，这种枪械就会继续以非常高的循环速度射击，或直到释放扳机。在美国，全自动枪械受到严格管制，只限于军队、执法部门和某些有特殊执照的公民使用。

都是连发枪，在枪管下的管状弹仓中或枪栓下方的区域内装有弹药供应。

● **泵动式/滑动式**（pump/slide action）——位于枪械前方和枪管下方的手动操作的滑动机构，缩回泵柄可以抽出和抛出废旧弹壳；向前运动可以将实弹装入弹膛内。滑动式步枪是连发枪，在枪管下方的弹仓中装有弹药供应。

● **中折式**（break action）——此类步枪的枪管在机匣处有一个铰链，可以手动打开，将实弹插入弹膛，关闭枪管后，即可准备射击。必须重新打开铰链，才能从弹膛中取出废弹。这种步枪属于单发枪。

● **半自动式**（semiautomatic action）——此类步枪通常使用一些高压火药气体进行解锁并打开动作，然后抽出和抛出废旧弹壳。弹簧装置使后座（枪栓）向前返回，从弹匣中取出实弹并将其装入弹膛。这种枪械的例子有 AK47 和 AR15。与半自动手枪一样，半自动步枪的每次射击都需要扣动扳机。

与步枪一样，**猎枪**也有一个长长的枪管和枪托，以便可以从肩部发射。与步枪不同的是，猎枪的枪管内膛是光滑的（没有膛线），而且口径较大，使用的弹药设计相对复杂多样。典型的、用于运动目的的现代猎枪子弹，通常被称为**霰弹**（shotgun shell），其弹体是塑料的，与镀铜的钢头贴合，钢头中心位置带有底火。弹体内装有大量球形的铅丸或钢丸，或弹丸，直径从 0.08in（2mm）到 0.13in（3.3mm）不等。

图 9.3 展示了一个典型的猎枪子弹示意图。

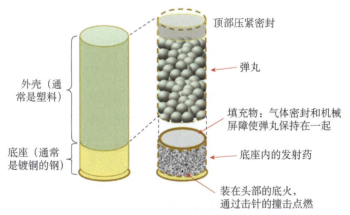

图 9.3 含有多个弹丸的猎枪子弹

鹿弹（buckshot）的直径更大，约为 0.24in（6mm）至 0.33in（8mm）不等。这些弹丸可以嵌套在塑料**弹杯**（shot cup）中，或置于一些厚厚的纸板填充物上。弹杯或填充物的下面是火药装填物。弹杯或填充物将燃烧的火药气体与射出的子弹隔开。顾名思义，鹿弹是为猎杀鹿而设计的。此外，猎枪弹也有执法应用。

另一种类型的猎枪子弹中包含一个单独的弹丸，称为**实心独头弹**（solid slug），或简称为**独头弹**（slug）。最后，还有一些具有特殊用途的猎枪弹，含有橡胶弹丸、化学弹药或所谓的**豆袋**（bean bag）。这些枪弹主要被执法部门用于非致命目的（如控制动物、驱散暴乱分子或制服危险的激动对象或攻击性对象）。

9.2　枪 械 声 学

针对枪击的录音鉴定通常涉及明显且响亮的枪声（"砰"），但在有些案件调查过程中，则利用了枪械动作、抛出弹壳和新弹药定位的提示性声音。如果麦克风与枪械的距离足够近，能够捕捉到这些细微的声音信息，那么这些独特的声音可能会对法庭科学研究具有一定的意义。对枪声录音进行检验鉴定有助于验证目击证人（和"亲听"证人（"ear" witness））的证言，并能帮助重建犯罪现场（Weissler and Kobal，1974；Brustad and Freytag，2005）。我们还可以通过对枪声录音的分析，确定枪击过程中的声学反射和其他声学效应（Koenig et al.，1998）。

9.2.1　枪口爆炸

传统枪械利用火药的密闭燃烧推动子弹从枪管射出。膨胀的高温气体使子弹后面的弹膛迅速增压，突然迫使超声速的气体从枪口喷射出来。枪击声，即**枪口爆炸**（muzzle blast），从枪口末端向各个方向发出，但大部分声能都是在枪管指向的方向发出的。枪口爆炸会产生声学冲击波以及短暂而混乱的声音，持续时间仅有几毫秒（Beck et al.，2011）。

枪口爆炸声在空气中以声速传播（例如，20℃时为343m/s），并与周围的地面、障碍物、空气温度和风的梯度变化率、球面传播和大气吸收等因素相互作用。如果麦克风位于枪械附近，那么枪口爆炸的直达声是主要的声学信号。另外，如果麦克风距离枪械较远，那么直接的声音路径可能会被遮蔽，接收到的信号会表现出传播效应、多径反射和混响等（Maher，2006，2007；Maher and Shaw，2008）。

在美国，多项法规禁止在枪械中广泛使用**声学抑制器**（acoustic suppressor），有时称为"消音器"（silencer）。抑制器的设计是为了减小枪口爆炸的声响（通常还有可见的爆炸闪光），进而降低被发现的可能和/或防止听力损伤。虽然好莱坞电影经常把"消音器"描绘成能有效消除枪口爆炸声的工具，但在现实中，尽管消音器可能会在一定程度上降低声音的峰值强度，但枪声仍然清晰可闻，且明显响亮。

9.2.2　机械动作

对于某些枪械来说，如果麦克风距离枪械足够近，就可以检测到机械动作的声音，包括扣动扳机和击针机构的声音、抛出废旧弹壳的声音，以及枪械的半自动或手动装弹系统定位新弹药的声音。由于这些细微的声音通常比枪口爆炸的声音小得多，因此，只有在枪声出现在附近的情况下，才有可能从个人监控录像或可能的电话录音中发现。

9.2.3　超声速射弹

如果从枪管中射出的子弹在空气中的运动速度大于声速，该子弹就是**超声速射弹**（supersonic projectile）。超声速射弹的运动速度过快，以至于周围的空气粒子无法与线性声学所描述的粒子压力和粒子速度之间的正常关系发生反应。相反，当超声速射弹从枪械下方行进时，会在空气中发射出声学**冲击波**（shock wave）。弹道的冲击波像圆锥体一样在子弹后方展开。冲击波的前部以声速传播，因此，冲击波的角度方向取决于子弹相对于声速的速度（Sadler et al.，1998）。

如果空气中的音速为 c，射弹的速度为 V，那么射弹的**马赫数**（Mach Number）$M = V/c$，这是一个无量纲的值，有时用"马赫"表示。由于超声速射弹的 $V > c$，因此马赫数大于 1。超声速子弹的弹道冲击波有一个内角 $\theta_M = \arcsin\left(\dfrac{1}{M}\right)$，它取决于马赫数。一个速度刚刚超过声速的射弹，即马赫数刚超过 1 马赫，其冲击波的锥体较宽（$\theta_M \to 90°$）；然而，对于一个高速步枪子弹而言，比方说马赫数为 3.5，其冲击波的锥体会比较窄（$\theta_M \to 16.6°$）。图 9.4 显示了 1.8 马赫和 3.5 马赫的子弹冲击波的草图。

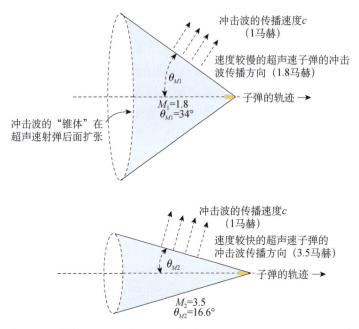

图 9.4　超声速子弹的弹道冲击波特性。速度更快的超声速射弹具有更窄的冲击波锥角

　　如前所述，空气中的声速（c）随着温度的升高而增加。

$$c = c_0 \sqrt{1 + \frac{T}{273}}$$

式中，T 为空气温度，单位为℃，$c_0 = 331\text{m/s}$ 是 0℃时的声速。温度每上升 1℃，声速约增加 0.61m/s。

　　如果子弹的速度远远超过声速，那么马赫角（Mach angle）就会很小，冲击波会以**几乎垂直**于子弹运动轨迹的方式传播。如果子弹的速度只是略快于声速，那么马赫角会接近 90°，这意味着冲击波的传播方向与子弹的运动轨迹**几乎平行**。此外，由于子弹会与空气摩擦，沿途速度会降低，子弹的马赫数也随之减小，相应的马赫角也会在射程内扩大。

　　当枪口爆炸声以声速向远离枪械的方向传播时，由于超声速子弹的速度比声音传播得更快，因此，子弹沿发射方向的放大速度超过了枪口爆炸声。如果麦克风位于射击方向，它检测到的第一个压力干扰可能是尾随超声速子弹的冲击波，然后才是枪口爆炸声。

9.2.4　表面振动

在某些情况下，发射枪弹的脉冲声可能会引起地面或其他附近表面的振动。地表岩石和土壤等固体材料中声音振动的传播速度可能比空气中的声速至少快五倍。如果表面振动导致安装在一定距离外的麦克风出现可探测的信号，那么通过比较振动信号和空气中信号的到达时间，来解决枪械位置不确定的问题可能是可行的。

总之，如果麦克风距离枪械足够近，那么我们可以从枪声中获得的主要声学证据包括：枪口爆炸声、超声速子弹的射弹冲击波以及可能的机械动作和地面振动的声音。

9.3　枪声录音示例

枪声录音及其鉴定是一个专门的领域，因为枪口爆炸和射弹冲击波（如果存在的话）在强度和冲击性上具有特殊性。枪械附近的峰值声压级可以超过 150dB（参考 20μPa）。与枪声相关的高峰值压力会导致麦克风和前置放大器输入阶段的削波，而且由于上升时间极快，通常会造成录音系统的充分失真，使定量观察变得困难。这对于通过电话获得的案件录音来说尤其如此。

虽然好莱坞电影和视频游戏配音中所用的枪声通常会持续数百毫秒，但枪械枪口爆炸的实际持续时间通常只有 1～3ms。在超声速子弹的情况下，弹道冲击波的超压和欠压特征只有几百微秒的时间。事实上，从司法鉴定的角度看，"音效库"中的枪击录音更多地告诉我们录音位置周围区域的声学脉冲效应，而非枪械本身，因为在这些录音中，都被故意加入了人为的回声和混响，以增强对情绪的影响。

事实上，听到真实枪声的亲听证人经常说，这些声音好像只是"砰"的声音，或"爆竹声"，而非枪声，至少与他们受媒体影响的预期相比确实如此。即使没有刻意添加混响，在声学反射区域（如室内或城区室外）获得的枪声录音也可能是包含了重叠的枪声和回声的混合声音。这些情况会使分析过程变得复杂（Beck et al.，2011）。

因此，为了对枪声录音鉴定进行全面了解，我们首先从专门的案例开始，这些案例录音是用特殊的专业录音设备在受控条件下录制的。为避免削波和声学反射，我们对录音电平、采样率和麦克风的位置进行了仔细控制。

正如后面所看到的，这些在"实验室"录音中观察到的细节，往往在真实的案件录音中被掩盖了，因为案件录音是在不受控的条件下通过只有普通语音带宽的移动设备录制的。尽管如此，了解深层枪击信号的真实特征是很重要的，如此一来，真实的声学环境与录音系统的影响和限制就会变得很清楚。

9.3.1　使用超声速射弹的步枪射击

作为第一个例子，图 9.5 显示了一个使用超声速子弹进行射击的步枪枪声录音的示例。步枪从肩部高度射击，麦克风位于大约 7m 远的 45°方位角处。录音时，使用专业的全向性麦克风（型号为 DPA 4003，同时带有型号为 HMA 5000 的高压前置放大器）以 48000Hz 采样和 16 位深度的设置进行录制。即使在这种相对简单的几何图形中，只有单次射击和来自地面的单次突出反射，所产生的波形也比预期的要复杂得多（Maher，2007）。图 9.6 展示了其中的显著特征以及测试方向的平面图。

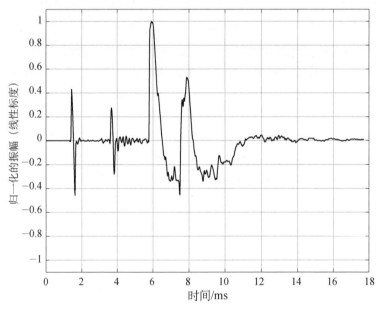

图 9.5　枪声录音，0.308 口径的温切斯特步枪在射击场的坚固地面上水平射击，速度为 2.54 马赫，以倾斜轨迹经过麦克风

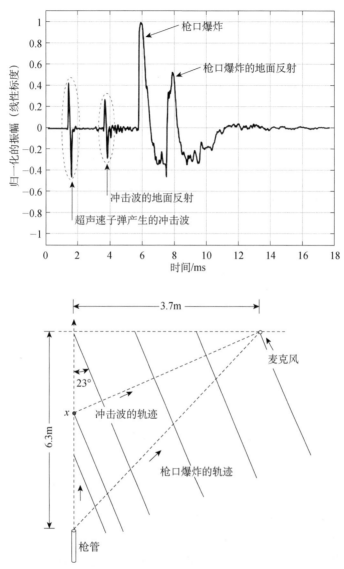

图 9.6　带注释的波形描述（参考图 9.5）和射击方向（平面图，未按比例绘制）

　　声音的第一部分来自超声速子弹的声学冲击波。冲击波的起始和偏移较为独特且非常突然，形成了所谓的"N"形波。在低振幅部分，压力与粒子速度的比率呈线性关系，声速与波形的振幅基本无关。但对于强冲击波，空气的高幅度非线性导致了高振幅部分（速度较快）和低振幅部分（速度较慢）之间的波前速度存在差异。这使得冲击波扰动的峰值比低振幅部分传播得更快，结果导致压力扰动特征呈"N"形。图 9.7 显示了一个弹道冲击波的时间扩展示意图。图中波形是由专门的麦克风系统（G.R.A.S. 46DP 1/8"型麦克风和 12AA 型电源模块）以50000Hz①采样率录制形成的。

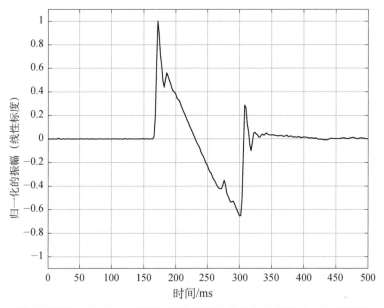

图 9.7 超声速 0.308 口径温切斯特枪弹的声学冲击波扰动："N"形波

在弹道冲击波到达后，录音中随之记录的是从地面反射的冲击波。由于反射波的传播距离稍大（向下达到地面，再向上返回至麦克风），且被地面吸收了部分能量，反射声的振幅略低于冲击波直达声的振幅。

由于超声速射弹将冲击波投射到更接近麦克风的位置，枪口爆炸声的到达时间要晚于弹道冲击波。其中，枪口爆炸的直达声先到达，然后才是枪口爆炸声的地面反射声。在这个几何图形中，枪口爆炸的直达声与反射声在时间上存在部分重叠。

需要注意的是，冲击波、枪口爆炸声和地面反射声之间的关系取决于枪械和麦克风之间的方向和距离，以及射弹速度、声速、地面的反射和吸收等一系列因素。图 9.8 展示的是，同种温切斯特 0.308 枪弹在相对于麦克风的不同方向上发射时的录音。

---

① 译者注：原文错写为 500kHz。G.R.A.S. 46DP 1/8"型麦克风的频响上限为 140kHz。

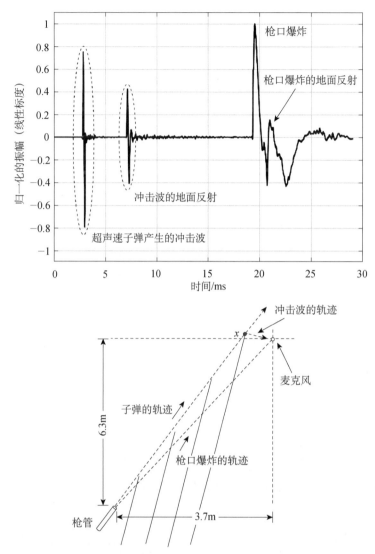

图 9.8　带注释的波形描述和改变的射击方向（平面图，未按比例绘制）。与图 9.6 进行比较
（并注意时间尺度不同）

　　即使使用相同的弹药和射击位置，图 9.6 和图 9.8 在波形细节上也存在差异。特别是，在后者子弹弹道接近麦克风的情况下，由于超声速子弹将冲击波投射到麦克风附近的速度比声速更快，因此，冲击波的到达时间和枪口爆炸声的到达时间之间的间隔更大。此外，直达声和反射声的细节也会随着枪械相对于麦克风方向的变化而变化。如果存在额外的声学反射和混响，或多个枪声重叠，或麦克风与枪械不在同一直接视线范围，那么差异甚至会更大。

　　一个常见的误解是，射击的枪口爆炸可以被看作一个全向性的脉冲点声源。然而，事实上，枪口爆炸非常具有方向性，枪口指向方向上的声压振幅要比远离轴线角度的声压振幅大得多（Maher，2010）。从录音鉴定的角度来看，这一事实意味着对带枪声的案件录音进行解释时，还必须处理由枪械的空间定向产生的信号特征。

　　图 9.9 显示了采用一种特殊的定向录音技术对 0.308 步枪射击枪声进行录音的结果（Routh and Maher，2016）。录音是在户外进行的，射击位置较高，并在枪械周围放置了一组呈半圆形的高架麦克风（图 9.10 和图 9.11）。这样就可以在来自地面的第一次声学反射到达麦克风位置之前，记录下射击声的声学特征。射手按常规方式持枪射击，枪声的声波可以从射手的手臂和身体周围发生反射和衍射。该准无回声的录音过程为可视化枪械的声学行为提供了一种独特方式。

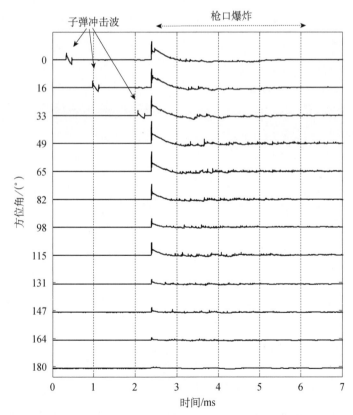

图 9.9　0.308 步枪射击的准无回声定向录音示例。每条轨迹分别描绘了相对于枪管瞄准方向（零方位角）的相应方位角录制的声音

（顶视图）

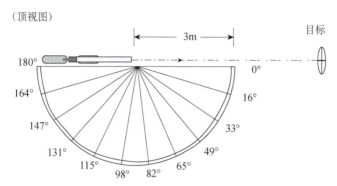

图 9.10　描绘多个麦克风录音方向的平面图（未按比例绘制）。未显示射手以常规方式持枪和
射击的典型姿势（Routh and Maher，2016）

图 9.11　用于获得 0°～180°的 12 个方位角的准无回声枪声数据的研究录音装置。射手的头部、
手臂和躯干会造成自然反射和衍射，特别是对于位于方位角 90°～180°的麦克风。将枪械和麦
克风的位置抬高，以便在来自地面的第一次主要反射声到达之前，能够录制枪口爆炸的整个
持续时间（Routh and Maher，2016）

　　图 9.9 中的定向录音显示了在枪声录音鉴定过程中的几个关键性的观察
结果。

　　第一，如前文所述，超声速子弹的弹道冲击波以锥体方式向外和向前传播。
当子弹离开枪口并开始触发冲击波时，冲击波前部的角度并未延伸到枪的两侧或
后方。因此，在此示例中，冲击波只能在方位角刚好超过大约 30°的范围内被探
测到（图 9.12）。因此，如果录音中出现了冲击波，则表明是超声速射弹；但如

果麦克风所在的方位角大于冲击波轨迹，录音中没有出现冲击波的明显特征，也不一定就意味着子弹是亚声速的。

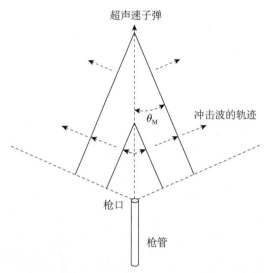

图 9.12　超声速冲击波的传播方向和方位示意图

第二，枪口爆炸的直达声持续时间很短：即使是大威力的步枪射击，也仅有 3～4ms。如前所述，枪击现场附近那些没有经验的证人经常说，他们听到的声音不像是枪声，而更像是鞭炮的"砰、砰、砰"的声音。许多亲听证人的期望受到了好莱坞电影、电视和电脑游戏中通常使用的枪声音效的歪曲影响，这些枪声的混响效果较强，且持续时间长达 1～2s，而非事实上枪口爆炸声的 3～4ms。

第三，重要的是，要注意枪械的枪口爆炸声的方向性。如图 9.13 所示，在本案例中，对于 0.308 步枪射击而言，朝向后方的声压级要比步枪指向方向的声压级低约 20dB。

9.3.2　使用亚声速射弹的手枪射击

对于第二个例子，图 9.14 显示了在大约零方位角（枪口指向麦克风）和准无回声的条件下，手枪射击的枪声录音。枪口爆炸的大部分声能只持续了大约 1ms。由于子弹的速度小于声速，因此，未出现弹道冲击波。

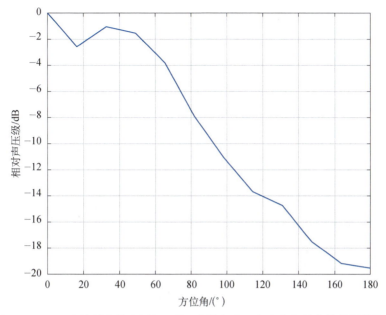

图 9.13　0.308 步枪射击的声压级（枪口爆炸部分）与方位角的依赖性测量关系

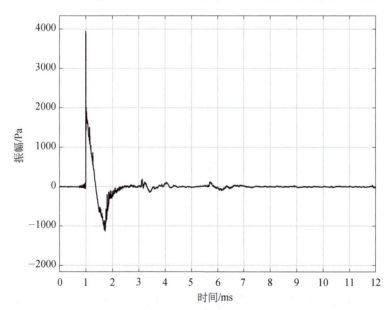

图 9.14　在 3m 距离和大约零方位角的轴线上录制的手枪（格洛克 19，9×19mm）枪口爆炸声

图 9.15 显示了同一发手枪子弹在 98°方位角离轴观察的情况。需注意的是，即使是同一枪械的同一次射击，信号的细节特征也会随方位角的变化而变化。理解这一事实很重要，因为一些枪械分类软件训练所使用的示例数据库是有限的，

并不能代表枪声波形的方位角依赖性。实际上，对录音鉴定人而言，重要的是要认识到，**同一**枪械的同轴录音和离轴录音在电平和波形细节上的差异，往往比两种**不同**类型的枪械在相同方位角上的差异要大得多。这对根据录音来正确推断枪械类型具有重要影响，特别是在无法从其他信息中得知枪械相对于麦克风方向的情况下。

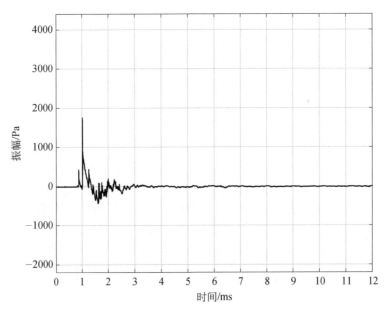

图 9.15　在 3m 距离和大约 98°方位角的偏轴方向上录制的手枪（格洛克 19，9×19mm）枪口爆炸声

9.3.3　使用亚声速射弹的转轮手枪射击

在严格控制的第三个示例中，图 9.16 显示了转轮手枪在大约零方位角（枪口指向麦克风）射击的准无回声录音，图 9.17 则显示了在 98°方位角时同一次射击的枪声录音。

手枪（图 9.14）和转轮手枪（图 9.16）在同轴方向上的枪声波形非常相似，但转轮手枪在离轴方向上的枪声特性（图 9.17）呈现出一个明显的差别。从转轮手枪的侧面来看，声音信号既包括从弹巢和枪管后部之间的间隙发出声音而产生的脉冲，还包括从枪管口部发出的枪口爆炸声（Maher and Routh，2017）。这两种声音的时间差取决于枪管长度以及子弹在发射时加速并从枪管中射出所需的时间。

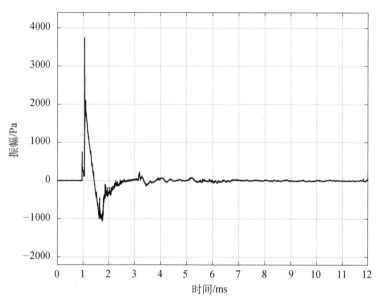

图 9.16　在 3m 距离和大约零方位角的轴线方向上录制的转轮手枪（鲁格 SP101，38 特种弹）
枪口爆炸声

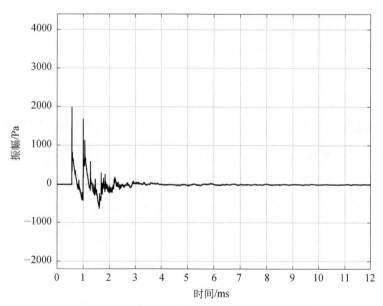

图 9.17　在 3m 距离和大约 98°方位角的偏轴方向上录制的转轮手枪（鲁格 SP101，38 特种弹）
枪口爆炸声。需要注意的是，这里存在两个信号峰值：一个是由弹巢间隙发出的声音，另一
个是来自枪口的爆炸声

9.4　枪声录音鉴定实例

虽然在前面的示例中对枪声特性进行了演示，但那些录音都是在严格控制条件下使用专业麦克风和高采样率录制的，而在实践中，录音鉴定人员遇到的录音通常都是经过消波修剪的、失真的、带混响且难以破译的。

9.4.1　录音鉴定案例 1：枪声、电击枪和语音

图 9.18 显示了一段时长为 14s 的录音的波形图和声谱图，该录音片段是从一个案件录音中截取的。图中的标签是手动输入的。

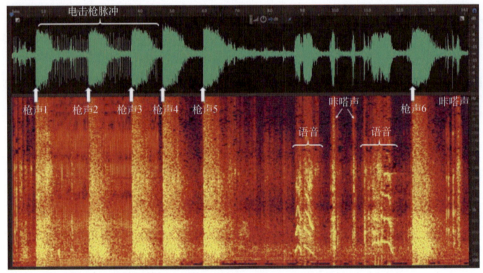

图 9.18　包含枪声、电击枪脉冲和语音的案件录音示例（总时长 14s，频率范围 0～4000Hz，线性标度）

这段特殊的录音是从视频声道中提取的，该视频是为 TASER® 品牌的传导电子武器（conducted electrical weapon，CEW）制作的音视频附件。很多执法部门也将这种武器称为电子控制武器（electronic control weapon，ECW）。电子控制武器，如电击枪/泰瑟枪，是一种供执法人员使用的、比传统枪械更不致命的武器。电击枪的手持和瞄准方式与手枪类似，不同的是，电击枪使用压缩空气弹筒将一对飞镖推向目标个体，而非使用火药推动子弹射击。每个飞镖上都有一根细导

线，当飞镖击中并嵌入目标时，电击枪通过导线在飞镖之间产生快速的电脉冲序列。电子控制武器的电脉冲旨在扰乱目标个体的神经肌肉控制，使其停止战斗、逃离或抵抗。脉冲大约每 50ms 发射一次，持续 5s，如果电击枪的电池部分放电，那么持续时间会更短。如果警察继续按压扳机，产生的脉冲可以持续 5s 以上。

当电击枪的装置展开时，如果飞镖没有完全击中目标，其电路可能会发出人耳听得到的快速脉冲声。在录音中，电击枪装置的 50ms 电子脉冲周期可能显示为一系列的快速脉冲。在图 9.18 的左上角可以看到这些独特的脉冲。

本案例录音中的六声枪响来自于一支或两支 9mm 手枪。其中一支是格洛克 19 手枪，调查人员怀疑现场可能还有另一把 9mm 手枪。对于手枪的原始无回声的参考枪声来说，其持续时间为 2～3ms（参见图 9.14 中格洛克 19 手枪的示例）。与之不同的是，该案证据录音中存在大量重叠的声音反射和混响，其中枪声的声学特征时长超过 700ms。

图 9.19 展示的是，与图 9.18 中标记为"枪声 5"的声音相对应的一小部分录音的波形。再次重申，必须要记住的是，格洛克 19 手枪的枪口爆炸声仅能持续 2～3ms（图 9.14），因此，该案件录音中持续数百毫秒的混响信号是由现场录制的反射声和混响声所主导的。

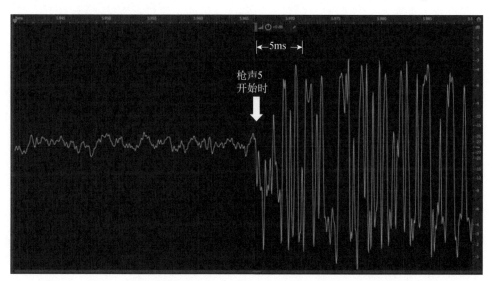

图 9.19　图 9.18 所示案件录音中以"枪声 5（总时长 50ms）"为中心的 50ms 部分

根据该录音的同步伴随视频，一名警察报告说，他准备使用电击枪装置，将保险开关移至待发射状态，因为这是启动音视频录像的必要动作。根据审查该录像的警察称，阴暗的场景最初显示，电击枪装置瞄准了一名正在逃跑的嫌疑人，然后枪口朝下，但没有开枪。随后，在第一声枪响前大约 800ms 时，电击枪掉落在地上。警察认为，可能是由于电击枪撞击地面时发生了误射，而不是由警察故意扣动了扳机。无论如何，在图 9.18 所示的录音时间段中，对应的视频中仅显示了地面上一些静止不动的碎片。警察认为，掉落的电击枪装置一直在地面的某个固定位置静止不动。

假设警察可以向录音鉴定人提出几个问题，例如：

（1）所有枪声是否来自同一枪械？
（2）电击枪的展开是在第一声枪响之前还是之后？
（3）语音中的说话人是男性还是女性？

假设录音的真实性不存在争议，录音鉴定人员的处理过程可以是，对录音进行快速的听觉评估，然后是关键性听辨、波形分析和声谱分析。

问题 1：单一枪械？

针对第 1 题，我们需要做几个判断。通过**关键性听辨**，发现这六次枪声是不同的，而且没有重叠。**从主观上看**，它们在感知响度、音色质量和混响尾音的持续时间等方面听起来很相似。然而，如果对成对的枪声进行连续听辨，例如，枪声 1 和枪声 2，枪声 1 和枪声 3，枪声 1 和枪声 4 等，给人的**主观**感觉是，前两枪和后四枪之间有明显的区别。关键性听辨结果表明，可能是使用了不同枪械，或者是单一枪械相对于录音装置（电击枪）的位置和/或方向发生了变化，而已知录音装置是在地面上静止不动的。虽然电击枪没有移动，但据信使用格洛克 19 手枪开枪的警察可能在移动和转弯，这可能是造成听觉差异的原因。

通过**波形分析**，我们可以对每一枪的射击时间和能量包络进行比较。如果格洛克 19 手枪是现场唯一射击的枪械，那么有人会提出疑问：使用该枪进行连续射击的速度能有多快。从波形分析结果来看，六次射击的时间间隔最小为 0.973s。利用录音鉴定提供的信息，枪械专家能够预测该枪是否可以如此快速地射击。研究表明，像格洛克 19 这样的半自动手枪，每秒最多可以发射三次（时间间隔 0.333s）。因此，本段录音中 0.973s 的最小间隔时间是足够长的，同一支**枪能够**完成所有六次射击。

信号能量包络的计算方法是：对信号进行平方和平滑处理，然后取其平方根。图 9.20 显示的是经 100ms 平滑处理后的包络。

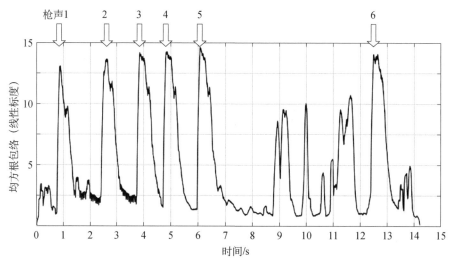

图 9.20　图 9.18 中信号的能量包络（100ms 平滑）

枪声	枪声开始时间/s	不同枪声之间的时间间隔/s
1	6.800	—
2	8.442	1.642
3	9.785	1.343
4	10.758	0.973
5	12.009	1.251
6	18.436	6.427

　　正如在关键性听辨过程中发现的那样，波形包络分析显示了各枪声之间的总体相似性，但每个枪声在整体水平和细节上都存在差异。通过对齐射击的起始时间，将六个枪声重叠在一起，结果如图 9.21 所示。可以看出，六个枪声整体上具有相似性，特别是第 3～6 枪。

　　在图 9.20 的枪声信号包络中，一个明显特征是存在次级脉冲：在枪声 1～5 的包络峰值后，出现一个小"拇指"的脉冲。测量枪声信号包络的起始点和次级脉冲峰值之间的时间差，可以得到不同枪声的时间差分别为：枪声 1，0.40s；枪声 2，0.47s；枪声 3，0.45s；枪声 4，0.45s；枪声 5，0.45s。这种信号能量的来源尚不清楚，可能是来自某种较大反射表面的独特的声学回声，也可能是源于录音设备的某些特性，如自动增益控制。如果是由信号反射造成的，那么在声速（c）条件下，约 0.45s 的延迟表明反射面应该在约 0.45/2 = 0.225s 之外，即如果

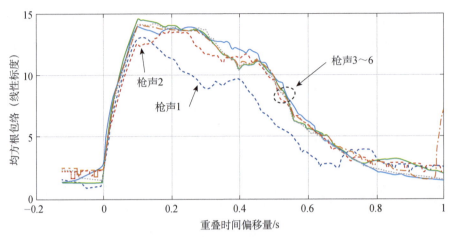

图 9.21　六个枪声信号包络的重叠图

c=343m/s，那么距离大约有 77m。如果这一特殊的观察结果是重要的，那么录音鉴定人员就需要了解更多关于射击现场和案发时的环境空气温度等细节，以便计算出合适的声速（如前所述，声速与温度有关）。

最后，通过**声谱分析**，利用声谱图确认了电击枪脉冲和枪声的重叠、说话语音的存在以及录音中背景噪声的水平。

因此，根据关键性听辨、波形分析和声谱分析的结果，针对**"所有枪声是否来自同一枪械？"** 这一问题，具体得出如下分析意见。

● 六个枪声信号的主观听觉相似，波形包络相似。整体声级、混响衰减和次级脉冲/回声等客观录音证据也表现出明显的相似性。

● 前两个枪声信号的振幅包络与其余四枪不同。这可能说明，前两次射击与后四次射击分别来自不同的枪械，或者是同一枪械的射击位置发生了变化。不同枪声之间的微小录音差异可能是由于同一枪械在不同枪声之间发生了移动或改变了方向等原因造成的；尽管从观察结果来看，并不能排除这样的可能性：所有枪声来自两支类似的、彼此靠近的枪械。

● 不同枪声的最小间隔时间为 973ms。对此，枪械专家可以证实，这对于使用同一支半自动手枪连续射击来说足够了。

最后，警察和律师的工作是将不确定的录音鉴定结果与其他证据和证人证言相结合，以便于立案或进行辩护。

问题 2：电击枪的展开是在第一声枪响之前还是之后？

如上所述，电击枪展开时可能会发出人耳听得见的咔嗒声。产生脉冲的周期是 50ms，持续时间最长为 5s。图 9.22 显示了第一声枪响和电击枪脉冲声重叠部分的谱图。

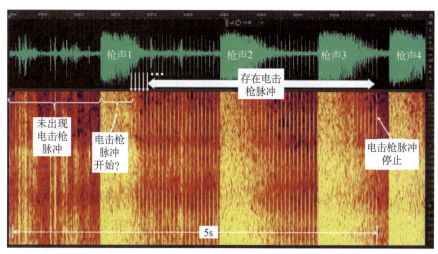

图 9.22　电击枪脉冲和枪声 1 的重叠声录音（总时长 6s，频率范围 400～3100Hz，线性标度）

　　在时间波形和声谱图中，可以清晰地检测到电击枪的脉冲，并在枪声 1 衰减时开始出现。电击枪脉冲在枪声 4 出现之前就停止了，而且在枪声 1 之前并未出现。枪声 1 的开始部分强度剧烈，淹没了录音信号，因此，电击枪发出第一个脉冲的确切时间并不确定。我们只能说，电击枪脉冲的起点为，自枪声 1 开始至脉冲在波形和声谱图中清晰可见之间的 0.4s 时间段中的某个时刻。

　　图 9.23 显示的是枪声 1 信号的放大图。图中右侧箭头对明显的电击枪脉冲序列进行了标识；根据 50ms 的匹配步长向前推断，并对部分之前可以预测的脉冲位置进行了标识。

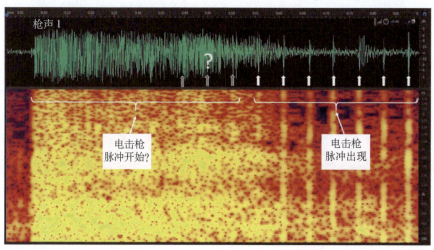

图 9.23　枪声 1 的波形和声谱图的放大图（总时长 0.9s，频率范围 0～3800Hz，线性标度）

　　根据有关电击枪电子控制武器的研究文献，在扣动和释放扳机后，预计该装置可以执行长达 5s 的脉冲式放电循环。然而，在图 9.22 所示的案件录音示例中，在检测到的最后一个电击枪脉冲之前，最长可以有 5s 的时间间隔，这意味着第一个脉冲有可能出现在枪声 1 开始之前。根据录音证据，我们无法确定为什么听到的脉冲序列时长是 3.4s，而非预期的 5s。案件侦查人员需要咨询电击枪装置操作方面的专家来回答这个问题。根据录音证据，第一枪响起的时间似乎是在电击枪装置展开之前，或者可能是同时发生的。

　　问题 3：语音中的说话人是男性还是女性？

　　一般来说，在正常的对话水平下，男性说话人语音的基频（fundamental frequency，缩写为 F_0）范围是 85～180Hz，女性说话人语音的基频范围是 165～255Hz。值得注意的是，男声和女声的频率范围实际上是重叠的，因此，虽然男声的基频趋向于比女声更低，但这只是一般性的观察。

　　通过对本案录音（图 9.18）进行关键性听辨，能够得出这样的**主观**印象：这些话语是由一位男性说话人**喊**出来的。图 9.24 显示了该案件录音中的一段喊声语音，该喊声的基频在 320～355Hz[①]。

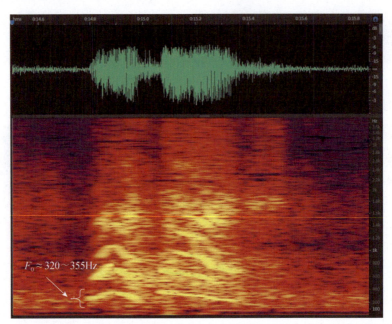

图 9.24　示例案件录音中的话语（总时长 1.35s，频率范围 0～3800Hz，线性标度）

---

　　① 译者注：原文正文中为 340～355Hz，该数据与图 9.24 中标注的数据（320～355Hz）不同，译文中取后者。

在此示例案件录音中，我们注意到：①主观听觉印象是一位男性说话人在喊叫，②与男声和女声的预期基频范围相比，该喊声的基频非常高。这是否在预期之中？

在喊叫、尖叫或其他激动和情绪化的话语中，语音的基频通常比正常对话要高很多。例如，图 9.25 显示了一位男性说话人在正常、舒适的对话语音水平条件下，说"too"这个单词的波形图和声谱图，其基频大约为 147Hz，这在男声基频的正常范围之内。

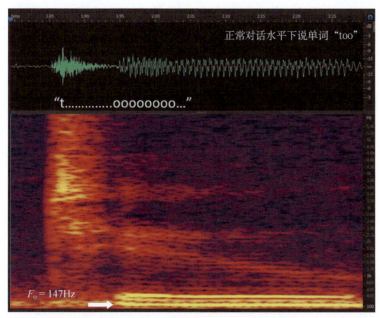

图 9.25　一位男性说话人在正常对话水平下说"too"这个单词的录音（总时长 0.5s，频率范围 100～5600Hz，线性标度）

图 9.26 显示的是同一男性说话人以很高的发音力度喊出"too"这个单词的录音。可以看出，（与图 9.25 相比）其声谱图明显不同。大声喊叫的影响之一是，说话人会提高声音的振幅和基频。在这种情况下，基频约为 340Hz，远高于他在正常对话水平下的 147Hz。

因此，通过对该示例案件语音进行关键性听辨和声谱分析，可以确信案件录音中的喊叫声来自一位男性说话人。与其他假设性的录音鉴定问题一样，最终要由侦查人员和律师将录音鉴定结果与其他可用的证据结合起来使用。

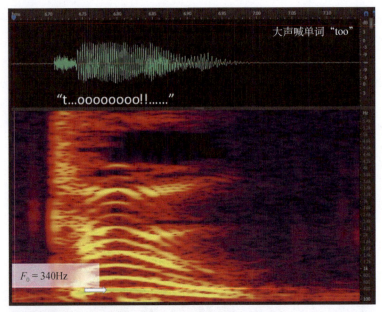

图 9.26 一位男性说话人大声喊 "too" 这个单词的录音（总时长 0.5s，频率范围 100～
5600Hz，线性标度）

9.4.2 录音鉴定案例 2：有多个录音的枪声

作为录音鉴定中涉及枪声录音的第二个例子，图 9.27 显示了一段包含多个枪
声的录音。本案主要的录音设备是一名警察的背心式摄像机（vest camera），该设
备非常接近枪械射击的位置，从而导致声音信号出现了高度的削波和失真。

假设，调查此案件的警察向录音鉴定人员提出一个问题，如：

是否有可能估计出最初几声枪响的时间？

通过对背心式摄像机的录音进行关键性听辨、波形分析和声谱分析，可以确
定在连续射击的后期，至少能够识别出四声单独的枪响，如图 9.27 所示。在第一
声可以识别的枪响之前的 2～3s 内，还可以听到其他重叠的枪声，但由于消波和
失真太严重，以致无法分辨这些枪声。

由于该录音的质量较差，警察进一步询问后发现，案发时有四辆巡逻警车停
在现场附近，每辆警车上都装有行车记录仪的音视频摄像系统。这四辆警车在距
离枪击现场 10m 或者更远的位置。受行车记录仪摄像头方向的影响，没有一个视
频捕捉到枪击现场的场景，尽管如此，每辆巡逻警车车厢内行车记录仪的麦克风

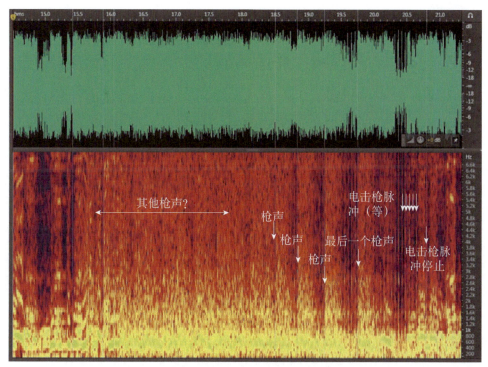

图 9.27　包含多个枪声的案件录音示例（因距离过近而高度过载和失真）（总时长 7s，频率范围 0～6800Hz，线性标度）

都进行了录音。图 9.28 显示了四个行车记录仪录音与现场原始录音的集合，对这五段原本不同步的录音进行移动，最终使每段录音中最后一个出现的可听枪声信号对齐。

　　尽管所有五段录音都涵盖了相同的时间间隔，但所有录音都是使用独立的、不同步的设备录制的。对比这五段录音，我们可以在每段录音中识别出特殊的最后一声枪响（标记为枪声"D"），并以此作为参照使五个时间坐标对齐。在这五段录音中，车辆 B1 的录音能够最清晰地反映前四声枪响，标记为枪声 1～枪声 4。现在就可以在车辆 H4、B1、B4 和 C1 的录音中确认前四个枪声相对于枪声 D 的时间了。

　　似乎在车辆 B1 的录音中背景噪声和干扰最小。利用该特定录音，可以总结出相对于枪声 D 的其他枪击时间（单位是 s）。

	枪声 1	枪声 2	枪声 3	枪声 4	枪声 A	枪声 B	枪声 C	枪声 D
车辆 B1	−4.329	−3.689	−3.461	−3.299	−1.257	−0.922	−0.508	0

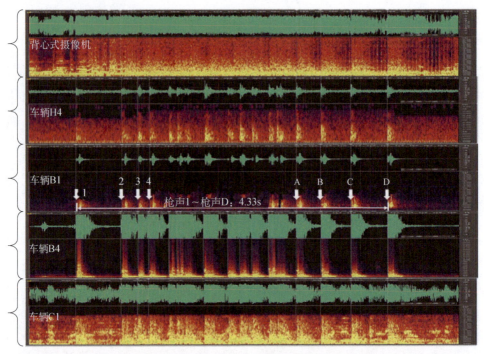

图 9.28　四个不同行车记录仪录像系统和背心式摄像机的录音（总时长 7s，频率范围 0～
6800Hz，线性标度）

　　因此，我们可以利用消波、失真的背心式摄像机录音，并结合同时发生的行车记录仪录音，来回答关于录音序列中前几次枪击时间的录音鉴定问题了。

参 考 文 献

Boll, S. (1979). Suppression of acoustic noise in speech using spectral subtraction. *IEEE Transactions on Acoustics, Speech, and Signal Processing, 29*, 113–120.

Beck, S. D., Nakasone, H., & Marr, K. W. (2011). Variations in recorded acoustic gunshot waveforms generated by small firearms. *The Journal of the Acoustical Society of America, 129*, 1748–1759.

Brustad, B. M., & Freytag, J. C. (2005). A survey of audio forensic gunshot investigations. In *Proceedings of the Audio Engineering Society 26th Conference Audio Forensics in the Digital Age, Denver, CO.*

Koenig, B. E., Hoffman, S. M., Nakasone, H., & Beck, S. D. (1998). Signal convolution of recorded free-field gunshot sounds. *Journal of the Audio Engineering Society, 46*(7/8), 634–653.

Maher, R. C. (2006). Modeling and signal processing of acoustic gunshot recordings. In *Proceedings of the IEEE Signal Processing Society 12th DSP Workshop, Jackson Lake, WY* (pp. 257–261).

Maher, R. C. (2007). Acoustical characterization of gunshots. In *Proceedings of the IEEE SAFE Workshop on Signal Processing Applications for Public Security and Forensics, Washington, DC.*

Maher, R. C. (2010). Overview of audio forensics. In *Intelligent multimedia analysis for security applications.* Berlin, Germany: Springer.

Maher, R. C., & Routh, T. K. (2017). Gunshot acoustics: Pistol vs. revolver. In *Proceedings of the 2017 Audio Engineering Society International Conference on Audio Forensics, Arlington, VA* (pp. 1–7).

Maher, R. C., & Shaw, S. R. (2008). Deciphering gunshot recordings. In *Proceedings of the Audio Engineering Society 33rd Conference Audio Forensics—Theory and Practice, Denver, CO* (pp. 1–8).

Routh, T. K., & Maher, R. C. (2016). Determining muzzle blast duration and acoustical energy of quasi-anechoic gunshot recordings. Preprint 9635. In *Proceedings of the 141st Audio Engineering Society Convention, Los Angeles, CA.*

Sadler, B. M., Pham, T., & Sadler, L. C. (1998). Optimal and wavelet-based shock wave detection and estimation. *The Journal of the Acoustical Society of America, 104*(2), 955–963.

Weissler, P. G., & Kobal, M. T. (1974). Noise of police firearms. *The Journal of the Acoustical Society of America, 56*(5), 1515–1522.

第 10 章
应用案例 2：驾驶舱话音记录器

商业客运航空事故可能会导致飞机完全毁坏、地面结构受损以及可怕的生命损失。为了减少未来类似事故的发生，航空安全专家需要查明事故的原因。然而当飞机解体和烧毁时，事故成因可能会成为一个谜。幸运的是，航空监管机构有能力在事故发生时花费大量资源来调查事故原因，毕竟商业飞机事故的发生频率非常低。

可以说，事故调查中最重要的发展是发明了所有民用商业客机、大型私人飞机和许多军用飞机所需的数据记录器设备。在美国和世界上的大部分地区，商业客机和许多军用飞机都配备了自动**飞行数据记录器**（flight data recorder，FDR）系统，目的是在坠机时能够（让数据）幸免于难。录音鉴定中有一个特别有趣且不寻常的专业，即分析**驾驶舱话音记录器**（cockpit voice recorder，CVR）的录音。该录音鉴定专业主要是为美国国家运输安全委员会（the US National Transportation Safety Board，NTSB）工作的人员保留的，但飞机公司、航空公司和民事调查员雇用的私人鉴定人员也可能参与对驾驶舱话音记录器数据的分析和解释（National Transportation Safety Board，2007）。图 10.1 展示了一个驾驶舱话音记录器装置的例子。尽管在一些媒体报道中，有时将数据记录器称为"黑匣子"，但实际上这些设备都被涂成了明亮的橙色，以便在坠机现场周围的碎片中更容易找到它们。

20 世纪 50 年代和 60 年代开发的飞行数据记录器装置能够记录各种飞行参数，还可以记录驾驶舱内的对话和其他声音。最初开发时使用特殊的防火铜箔，后来改用防火磁带，现在当代的飞行数据记录器和驾驶舱话音记录器则使用非易失性固态存储器，以数字形式进行记录——尽管一些使用中的旧设备仍然可能含有磁带。老式的驾驶舱话音记录器在覆写数据前会记录 30min 的循环数据，而目前的驾驶舱话音记录器设备至少会记录 2h 的录音数据。

图 10.1　驾驶舱话音记录器（CVR）机箱示例。数据记录器被涂成明亮的橙色，有助于在碰撞残骸中找到该设备（National Transportation Safety Board，2015）

飞行数据记录器会记录大量的飞行参数，如时间、高度、飞机方向、空速等。当代客机上的飞行数据记录器系统每秒钟可记录数百个飞行参数、驱动器位置和传感器读数，存储容量可长达 25h（National Transportation Safety Board，2015）。

然而，对于事故调查人员来说，为了将事故发生前的情况拼凑起来，即使有大量的飞行数据记录器的数字信息，来自驾驶舱话音记录器的声学信息往往也是必不可少的。除了提供飞行过程中的对话和能说明问题的种种背景声音信息以外，驾驶舱话音记录器系统通常是自动激活的，并且在飞机启动时就开始记录了，而飞行数据记录器系统只有当飞机在跑道上加速升空时才开始收集飞行数据。这意味着，驾驶舱话音记录器可能包含飞行检查表的完成情况、飞行前的讨论以及起飞前获取的类似录音信息等重要信息，而这些信息都没有被空中的飞行数据记录器信息所包含。

当 20 世纪 60 年代首次提出广泛使用驾驶舱话音记录器时，最大的担忧之一是保护机组人员和其他可能在飞行过程中被录音的人的隐私。在一些早期的驾驶舱话音记录器设计中，允许在飞机安全飞行结束后可以删除录音。在美国，国家运输安全委员会被授权调查民用飞机和地面交通事故。根据法律规定，该委员会不能常规性地发布驾驶舱话音记录器的录音和笔录。法律确实允许"委员会应当公布委员会认为与事故或事件有关的任何录音文字记录或任何书面描述的视觉信息……"（United States Code，2009）。然而，保密性和隐私仍然是考虑的关键因素。

除了飞机驾驶舱的安全应用以外，语音和数据记录器还用于或建议用于其他公共交通系统，如铁路机车的驾驶室，船舶或渡轮的驾驶台或驾驶室，以及大客车的内部等。

10.1 驾驶舱话音记录器的操作和解释

当前的驾驶舱话音记录器采集装置有个四个独立的声道：①机长的耳机麦克风，②副驾驶员的耳机麦克风，③安装在驾驶舱顶板上的驾驶舱区域麦克风（cockpit area microphone，CAM），以及④第四个声道，该声道可用于记录飞行员和乘务员之间的对讲机通信、机舱公共广播系统或其他用途。现代驾驶舱话音记录器在内存缓冲区可以循环录制长达 120min 的录音，并使用新数据按顺序覆盖最旧的数据。因此，当事故发生时，录音鉴定人员将得到包含坠机前 2h 声音的录音资料（National Transportation Safety Board，2007）。

国家运输安全委员会的录音鉴定专家会对四个录音声道中的语音和背景声音进行分析，并将机组人员的讲话内容转写为文字。驾驶舱区域麦克风系统还可以拾取到非语音形式的声音，这些声音通常对调查活动是非常重要的。发动机的声音、机身振动、航空电子设备的警告/警报声以及驾驶舱内的入侵或其他骚动的声音都可能被检测到。

例如，2015 年 3 月，一架空客 320 飞机在法国阿尔卑斯山坠毁，机上 150 名乘客和机组人员全部遇难。事故当天的天气良好，执行此次看似常规飞行的飞机是德国之翼的 9525 航班。在飞行约三十分钟后，雷达追踪显示飞机开始稳步下降，飞机显然是在控制之下飞行的，但是没有得到空中交通管制的授权。飞机没有回应空中交通管制部门的无线电呼叫。十分钟后，飞机在法国东南部的偏远山区撞山坠毁，没有幸存者。没有与地面管制人员的任何沟通，没有目击证人的解释，坠机后地面上也没有留存的物证能够帮助调查人员了解到底发生了什么。

相反，通过对驾驶舱话音记录器证据的评估，德国之翼 9525 航班的悲惨死因很快就得到了解释。法国和德国民航安全当局的调查人员对已经受损但仍可继续使用的驾驶舱话音记录器进行了恢复，发现当机长暂时离开驾驶舱去上厕所时，副驾驶员显然是故意将驾驶舱门锁上，以防止机长重新进入驾驶舱内。副驾驶员独自一人待在驾驶舱内，然后采取措施故意使飞机坠毁。调查报告中描述了驾驶舱话音记录器的录音，包括飞机机长的紧急恳求声，试图撞开驾驶舱门的徒劳的声音，甚至还记录了副驾驶员持续不断的呼吸声，这都表明他并没有丧失行为能力。这架飞机没有任何机械故障：这是一名有自杀倾向的副驾驶员。惨剧发生后，许多航空公司采取了这样的政策：驾驶舱内必须始终有两个人在场，以减少由一个心烦意乱的人采取单方面行动的可能性。

2015 年晚些时候,一架以行政航空 1526 航班名义运营的英国航空公司霍克 700 客机于 2015 年 11 月 10 日在美国俄亥俄州阿克伦市进场降落时坠毁。坠机调查人员想了解喷气式发动机的油门设置和涡轮转速参数,但发动机的控制系统已被坠机和随后的火灾摧毁,而且这架特定的飞机非常老旧,没有安装飞行数据记录器(FDR)。这架飞机上确实有一个驾驶舱话音记录器(CVR),但是型号较老,且状况不佳,只有 30min 循环的模拟四声道录音带。尽管如此,调查人员还是能够利用驾驶舱话音记录器的录音来识别发动机涡轮机的嘎吱声。他们试图从发动机噪声的录音频率中推断出喷气式发动机的各种运行参数。国家运输安全委员会对此次坠机的结论是,机长和副驾驶员应该对坠机负责,因为他们没有遵循正确的进场检查表,而且在认识到飞机速度和下降速度可能会导致气动失速后仍没有中止降落(National Transportation Safety Board,2016)。

1997 年,研究人员对发生在 1991 年的比奇 1900C 通勤飞机事故中的驾驶舱话音记录器数据进行了调查,在分析过程中使用了来自机舱麦克风和一个未使用的驾驶舱话音记录器声道的信号特征。研究人员发现,存在这样一种理论,即在飞行过程中,当发动机分离之前,有证据显示发动机支架上的桁架断裂造成了螺旋桨的旋转飘动(Stearman et al.,1997)。这个案例很有意思,因为在之前国家运输安全委员会的官方事故报告中,包括了对驾驶舱话音记录器信息和转录内容的检验,但并未包括对录音中背景声音的分析(National Transportation Safety Board,1993)。此类技术争议表明,有多种飞行数据信息来源和专业知识参与调查的重要性。

1994 年 9 月,美国航空 427 航班的一架波音 737 型飞机在匹兹堡附近坠毁。国家运输安全委员会的调查人员重点检验了该坠机事件中的录音。这是之前另一起涉及使用驾驶舱话音记录器数据进行录音鉴定的重要案件。录音鉴定人员试图了解飞机发动机的行为,以及在事故过程中机长和副驾驶员的时机掌握、反应和努力。从常规的驾驶舱活动和无线电通信到飞行中紧急事件突然发生的快速过渡驾驶舱话音记录器都进行了记录,国家运输安全委员会的调查人员能够评估机长的努力程度、意识状态、呼吸频率以及应急反应的其他重要方面。还有一些其他线索,比如驾驶舱话音记录器的录音中存在一些听得见的哐啷声和咔嗒声,这使得调查人员尝试进行了几次实验,以确定驾驶舱麦克风通过结构性振动来拾取声音的能力(National Transportation Safety Board,1999)。

针对美国航空 427 航班的情况和事故发生后的证据,调查人员考虑到,这次空难与事故发生前和发生后的另外两起空难——联合航空公司 585 航班(1991 年

3月3日）和东风航空公司 517 航班（1996 年 6 月 9 日）存在一定的相似性；这两起空难均涉及波音 737 飞机，且事故原因均未得到解释。之前联合航空公司的坠机事件发生在科罗拉多州斯普林斯的进场过程中，机上人员全部遇难；在美国航空 427 航班事件的几年之后，东风航空公司又发生了坠机事件，在这次事故中，尽管飞机几乎失去了控制，但机长能够恢复控制，而且当飞机降落时无人受伤。最终，经过多年的调查，国家运输安全委员会确定，一个被称为方向舵动力控制单元（power control unit，PCU）的液压装置存在操作缺陷，而这可能是导致上述三起事故的原因。动力控制单元的缺陷导致了方向舵的突然倒转：尾部垂直安装的方向舵表面不是按照机长脚踏板所指示的方向移动，而是移动到了极端相反的位置。这一缺陷在所有 737 飞机上安装的新设计的方向舵动力控制单元中得到了修复（National Transportation Safety Board，1999；Byrne，2002）。

10.2　未来录音鉴定在运输安全系统中的作用

与大多数数字技术领域一样，未来的飞行数据和驾驶舱话音记录器将包含许多先进的特性和功能。目前令人关注的问题是，在近年来发生的客机坠毁事件中，有的飞机在公海上空失去联系，而包含数据记录器的残骸极难或无法找到。

例如，2009 年 6 月 1 日，法航 447 航班的一架空客 A330 飞机在南美洲和非洲之间的大西洋上一个偏僻地区的上空失去联系。在飞机失事后的头几天内发现了一些漂浮的残骸，但包含飞行数据记录器和驾驶舱话音记录器的飞机残骸却沉入约 3000m（9800ft）深的海域。直到 2011 年 5 月，即事故发生近 2 年后，沉入海底的飞机残骸才被发现。飞行数据记录器和驾驶舱话音记录器中的数据得到恢复，并为查明事故原因提供了关键信息。但是多年来，事故发生与数据恢复之间的巨大延迟所引发的潜在风险一直未得到解决（Bureau d'Enquêtes et d'Analyses，2012）。

另一个例子事关马来西亚航空公司的 370 航班。2014 年 3 月 8 日，执行该航班的一架波音 777 飞机从吉隆坡起飞，在一次看似常规的飞行中从雷达上消失了。截至本书撰写时（2018 年 7 月），在澳大利亚以西的印度洋的广大搜索区域内，仍未发现主要的集中残骸。能否找到飞行数据记录器和驾驶舱话音记录器还不得而知，这为航空安全留下了一个未解之谜（Encyclopaedia Britannica，2018）。

基于这些和其他的例子，飞机工程师和事故调查人员都在呼吁建立一个能够使数据记录器更容易恢复的系统。这些建议包括，开发出将数据记录器从坠毁的飞机中自动弹出以便于恢复的机制，或者为所有飞机开发出先进的无线电信标系统，将飞行信息以无线方式连续传输到轨道卫星上，从而消除在飞机坠毁后恢复记录器的需要。

参 考 文 献

Alexander, A., Forth, O., & Tunstall, D. (2012). Music and noise fingerprinting and reference cancellation applied to forensic audio enhancement. In *Proceedings of the Audio Engineering Society 46th International Conference Audio Forensics, Denver, CO.*

Begault, D. R., Heise, H. D., & Peltier, C. A. (2014). Forensic musicology: An overview. In *Proceedings of the Audio Engineering Society 54th International Conference Audio Forensics, London, UK.*

Bureau d'Enquêtes et d'Analyses. (2012). *Final report on the accident on 1st June 2009 to the airbus A330-203 registered F-GZCP, operated by Air France, flight AF 447, Rio de Janeiro – Paris.* Le Bourget, France: French Civil Aviation Safety Investigation Authority.

Byrne, G. (2002). *Flight 427: Anatomy of an air disaster.* New York: Springer.

Encyclopaedia Britannica. (2018). *Malaysia airlines flight 370 disappearance.* Retrieved from https://www.britannica.com/event/Malaysia-Airlines-flight-370-disappearance.

Moore, A. H., Brookes, M., & Naylor, P. A. (2014). Room identification using roomprints. In *Proceedings of the Audio Engineering Society 54th International Conference Audio Forensics, London, UK.*

National Transportation Safety Board. (1993). *Loss of Control, Business Express, Inc., Beechcraft 1900C N811BE, Near Block Island, Rhode Island, December 28, 1991,* Aircraft Accident Report NTSB/AAR-93/01/SUM. Washington, DC.

National Transportation Safety Board. (1999). *Uncontrolled Descent and Collision with Terrain, USAir Flight 427, Boeing 737-300, N513AU, Near Aliquippa, PA, September 8, 1994,* Aircraft Accident Report NTSB/AAR-99/01. Washington, DC.

National Transportation Safety Board. (2007). *Cockpit voice recorder handbook for aviation accident investigations.*

National Transportation Safety Board. (2015). *Cockpit voice recorders and flight data recorders.*

National Transportation Safety Board. (2016). *Crash During Nonprecision Instrument Approach to Landing, Execuflight Flight 1526, British Aerospace HS 125-700A, N237WR, Akron, Ohio, November 10, 2015,* Aircraft Accident Report NTSB/AAR-16/03. Washington, DC.

Sachs, J. S. (2003). Graphing the voice of terror. *Popular Science, 262*(3), 38–43.

Stearman, R. O., Schulze, G. H., & Rohre, S. M. (1997). Aircraft damage detection from acoustic and noise impressed signals found by a cockpit voice recorder. *Proceedings of the National Conference on Noise Control Engineering, 1*, 513–518.

United States Code. (2009). *49 U.S.C. 1114 – Disclosure*. Availability, and use of information. U.S. Government Publishing Office. Retrieved from https://www.gpo.gov/fdsys/pkg/ USCODE-2009-title49/pdf/USCODE-2009-title49-subtitleII-chap11-subchapII-sec1114.pdf.

第 11 章

结　论

　　本书旨在强调录音鉴定的基本原理，对于有兴趣在录音鉴定的一个或多个方面发展专业知识的读者来说，本书可以作为一本入门读物。虽然模拟磁带录音机在该领域占据了多年的主导地位，但当代的录音鉴定工作几乎都是以数字录音和数字信号处理为基础的。这一事实意味着，录音鉴定可能只是更大范围司法鉴定活动（包括数字视频、静态图片、数字文件恢复、日志修改、加密以及数字计算机取证等许多其他领域）中的一小部分。数字录音鉴定专家越来越需要培养处理各种数字媒体的技能。

　　录音鉴定的持续挑战与人们越来越多地使用有损感知的录音编码（例如MPEG）有关。在低比特率条件下，有损录音编码能够为人类听众提供出色的感知质量，但数据压缩的影响可能会使波形解释比未压缩的脉冲编码调制（PCM）录音更为复杂。未来的录音格式和隐私加密无疑将延续编码感知压缩信息的趋势，而这将继续使数字录音的真实性鉴定和解释变得更加复杂。

　　另外，科技发展趋势表明，由于越来越多的执法机构要求执法人员使用背心式摄像机、行车记录仪和设施监控系统，案件中出现了更多的录像证据，因此，录音鉴定也随之出现了新的机会。同样地，现在许多企业甚至是普通市民都在安装私人视频监控系统，这些系统可能也会录制音频。此外，携带具有视听功能移动电话的人数惊人地增长，这也意味着将重大事件和事故中捕捉到的录音应用于司法鉴定的概率会越来越大。总之，很显然，录音设备的数量不断增加、质量不断提高，将为很多案件调查活动提供大量的录音鉴定材料。

　　在录音鉴定领域，新的研究方向不断涌现：

　　● 声学建模，有时称为"声学指纹"（acoustical fingerprinting）。该方法可以作为一种验证案件检材录音录制地点的手段，还可能用于对检材录音的特定录制设备的检测（Alexander et al.，2012；Moore et al.，2014）。

- 许多有趣的研究方向，包括计算机辅助语音分类、模式检测和识别、说话人鉴定等（Sachs，2003；Begault et al.，2014）。
- 为了有效利用案件现场存在多个麦克风的情况，目前正在开发声学波束成形（acoustical beamforming）和多点定位的技术。可以想象，多声道能够更好地定位特定声源，提高信噪比，或自适应降噪。
- 随着速度更快、性能更强的信号处理系统的出现，原来为坠机事故发生后的录音鉴定研究开发的技术，也可能适用于对"飞行中"（战术使用）的录音数据进行实时监测和处理。

参 考 文 献

Alexander, A., Forth, O., & Tunstall, D. (2012). Music and noise fingerprinting and reference cancellation applied to forensic audio enhancement. In *Proceedings of the Audio Engineering Society 46th International Conference Audio Forensics, Denver, CO.*

Begault, D. R., Heise, H. D., & Peltier, C. A. (2014). Forensic musicology: An overview. In *Proceedings of the Audio Engineering Society 54th International Conference Audio Forensics, London, UK.*

Moore, A. H., Brookes, M., & Naylor, P. A. (2014). Room identification using roomprints. In *Proceedings of the Audio Engineering Society 54th International Conference Audio Forensics, London, UK.*

Sachs, J. S. (2003). Graphing the Voice of Terror. *Popular Science, 262*(3), 38–43.

索　引